KB027932

경제는 지리

경제는 지리

지 리 로 포 착 한 세 계 경 제 40 장 면

미야지 슈사쿠

오세웅 옮김

7분의언덕

일러두기
- 인명과 지명은 국립국어원 외래어 표기법을 기준으로 표기했습니다.
- 괄호 안 내용은 필자 주에 해당하며, 각주는 역자 주에 해당합니다.

'과연 이런 책 제목을 보고
사람들이 이 책을 집어 들까?'

『경제는 지리(원제: 경제는 지리로 배워라)』라는 책 제목을 받고, 걱정스레 바라보며 필자가 가진 첫인상입니다. 그간 일본에서는 '지리'라는 단어가 들어간 제목의 책 자체를 거의 볼 수 없었으니 이런 걱정스러운 마음이 드는 것도 무리는 아닐 겁니다. 이제까지 일본의 지리 관련 도서라고 해도 기껏 해야 '지도'와 관련된 책들 정도가 전부였습니다. 본디 지도란 정보를 알려 주기 위한 하나의 도구에 불과한 것인데 이 점을 이해하지 못하는 사람들이 많습니다. 지도는 우선 화려한 맛이 있고 사람들은 이 겉모습에 재미를 느끼며 눈길을 빼앗기지요. 하지만 '그 속에는 과연 어떤 정보가 들어 있을까'라는 문제에는 정작 별 주의를 기울이지 않습니다.

일본의 서점에는 '역사' 관련 도서가 즐비합니다. 일본인들이 역사에 얼마나 관심이 많은지를 보여 주고 있는 셈입니다. 사실 근본을 따져 보면 '지리'와 '역사'는 자동차 두 바퀴와 같은 것으로 어느 한쪽에 대한 이해 없이는 다른 한쪽을 제대로 이해할 수 없습니다.

예를 들어 보겠습니다. 일본의 에도성, 오사카성, 나고야성처럼 유명한 성들이 세워지게 된 역사적 배경은, 그 장소에 대한 지리적 지식을 이용하면 그 이해가 훨씬 깊고 풍부해집니다. 대지(臺地: 평야 및 분지 가운데에 위치한 주변보다 높고 평평한 모양의 지형)와 평야(平野)가 잇달아 나타나는 지역에 성곽을 세울 때 대지 끝자락에 성곽을 위치하게 하면, 평야에서 백성이 성을 올려다보는 형세가 되어 성주(城主)의 위엄을 돋보이게 합니다. 그뿐 아니라 이런 형세를 취하면 외부의 공격에 대처하기도 용이한데, 한쪽 끝에서 탁 트인 곳을 바라보고 있어 적이 급습해도 쉽게 격퇴할 수 있기 때문입니다. 예로부터 일본에서는 평야에 군집한 부락은 성곽을 기준으로 아래쪽에 위치하기에 '아랫마을[시타마치(下町)]', 위쪽인 대지는 '산마을[야마노테(山手)]'이라고 불렀습니다. 이와 같은 역사적 배경 속에서 현재의 도쿄에는 대지의 가장자리를 따라 연결되어 있는 '야마노테(산마을)선'이라는 도심 전철 순환선이 놓여 있습니다.

이처럼 역사에 관해 이야기할 때, 당시의 지리적 조건에 대한 지식과 함께하면 한층 더 심도 있는 대화가 가능해집니다. 그럼에도 불구하고 일본은 지리에 대한 인지능력이 그리 높지 않은 나라입니다. 비단 아이들만 아니라 어른들 대부분도, '지리라는 게 산맥이나 하천의 이름 따위를 따분하게 무작정 외우는 거 말고 별거 있어?'라고 인식하는 우를 범하고 있는 것이 현재 일본의 실태입니다.

'뉴질랜드가 가장 많이 수출하는 품목은 뜻밖에도 낙농제품!'

본디 낙농업은 대규모 시장을 대상으로 하는 산업입니다. 따라서 대규모 시장에의 접근이 용이하지 않으면 안 됩니다. 뉴질랜드는 사방이 바다로 둘러싸여 있는 섬나라이고 인구도 매우 적습니다. 여기서 '그런데 어떻게 뉴질랜드 같은 곳에서 낙농업이 발달할 수 있었을까?'라고 물음을 던지고 그 배경을 파고 들어가는 것이야말로 지리에서 배워야 하는 자세입니다.

위에서 구구절절 이야기한 일본의 실정 앞에 필자는 그간 화난 감정을 감출 수 없었습니다. 나름대로 대학에서 지리를 전공하고 그 후의 진로 역시 지리와 떼어 놓을 수 없는 길을 걸어온 '지리학의 프로'로 자부하면서도, 지리에 대한 세상의 편견과 무관심 앞에 '어떻게 해야 하나……'라는 감정에 사로잡혀 있었습니다. 그러던 중 본서를 집필할 기회가 생겼고, '좋아! 지리에 대한 무지몽매함을 깰 수 있는 책을 한번 써 보자!'라고 스스로 되뇌며 책을 써 내려갔습니다.

한국은 지금, 적어도 일본보다는 지리 교육이 잘 이루어지고 있지 않나 생각합니다. 교육 과정상 세계지리뿐 아니라 한국지리도 가르치고 있다는 것도 들어 알고 있습니다. 현재 일본에서는 세계사만 필수과목으로 가르치고 있지만, 2022년부터는 '지리총합(地理總合)'이라는 과목도 필수로 지정해서 가르치게 됩니다. 그러면 일본 국민들 모두가 지리를 배울 수 있게 될 것입니다. '지리 교육 후진국'이었던 일본이 이제야 제대로 된 자세를 취하기 시작한 것이지요.

경제와 문화의 발달 조건을 이해하려면, 반드시 각 지역에 존재하는 '토대'를 잘 관찰해야 합니다. 경제란 사실 '유한한 토지와 자원을 서로 차지하려고 싸우는 것' 이상의 것이 아니니까요. 본서는 세계 곳곳에서 발견할 수 있는 지리(地理) 즉 지구상의 이치를, 입지, 자원, 무역, 인구, 문화라는 5가지 지표를 통해 포착해서 상세히 서술한 것입니다. 본서를 읽고 '한국이 지닌 지리적 우위와 특징이 어떻게 경제 발전까지 이어졌을까?'라는 물음에 힌트를 얻게 된다면 필자로서 매우 다행스럽겠습니다. 한국 경제의 밝은 미래를 보면서, 나아가 더욱 발전하기를 바라마지않는다는 말씀을 전하며 끝인사를 갈음하겠습니다.

2018년 6월

미야지 슈사쿠(宮路秀作)

지리를 공부하면 경제 뉴스를
쉽게 이해할 수 있다!

경제는 지리에 따라 움직입니다. 세계의 경제 정보를 들여다볼 때마다 경제를 움직이는 것은 지리라는 생각이 듭니다.

○ 왜 트럼프 대통령은 TPP(환태평양 경제 동반자 협정) 탈퇴를 선언했을까?

○ 왜 변변한 토지도 자원도 없는 일본이 경제 대국이 되었을까?

○ 왜 중국은 2015년에 이르러서야 한 자녀 정책을 중단했을까?

위의 물음에 대한 힌트는 '지리'에 숨어 있습니다. 지리는 지형이나 기후 같은 자연환경을 배우는 데 그치는 학문이 아닙니다. 농업, 공업, 무역, 교통, 인구, 종교, 언어, 촌락, 도시에 이르기까지 현재의 시점에서 포착할 수 있는 세계의 모든 분야를 통틀어 배우는 것입니다.

지리 – 지구상의 이치

지리는 영어로 'Geography'입니다. 라틴어인 'Geo(지역)'와 'Graphia(그리다)'의 합성어입니다. 지금은 사진 한 장만으로도 자연에 대한 정보는 물론, 거기에 살고 있는 사람들의 의식주, 토지를 이용하는 방법 등 다양한 정보를 얻을 수 있습니다. 하지만 사진기가 없던 시대에는 이러한 정보를 모두 직접 손으로 그려야 했습니다. 말 그대로 'Geo(지역)를 Graphia(그리다)하는 것'이었지요. 이것이 바로 지리의 본질입니다.

지리는 표면적 사실의 나열이 아닙니다. 지역에 벌어지는 각종 정보를 수집, 분석해서 그 지역만의 특징을 찾아내는 학문입니다. 그렇기에 지리에는 '이치(理)'가 존재합니다. 지리는 다름 아닌 '지구상의 이치'라고 할 수 있습니다.

경제 – 토지와 자원의 쟁탈전

인간의 행동은 토지와 자원을 차지하기 위해 서로 뺏고 뺏기는 가운데 나타납니다. 토지와 자원은 그 양이 정해져 있기 때문이지요. 토지와 자원은 유한하므로 수요와 공급의 원칙에 따라 그 가치가 결정됩니다.

일본의 전국시대, 각 지방의 영주들은 한정된 영토를 두고 끊임없는 싸움을 벌였습니다. 어느 지역 영주의 영토가 늘었다면 그것은 영토를 빼앗긴 영주도 있었다는 얘기지요.

잠깐, 오늘날의 상황으로 눈을 돌려 볼까요. 센카쿠 열도˚는 일본 고유의 영토로서 영토 문제가 불거질 여지가 전혀 없습니다. 하지만 1969~1970년에 유엔이 실시한 조사 결과 대량의 석유가 매장되었다는 사실이 밝혀지면서 갑자기 중국과 대만이 영유권을 주장하고 나섰습니다. 이렇듯 토지와 자원의 존재가 새로운 경제를 창출합니다. 또한 거기서 수요가 생기고 쟁탈전이 벌어지게 됩니다.

지리를 공부하면 토지와 자원을 쟁탈하고자 하는 인간의 행동에 대해 심층적으로 해석할 수 있습니다. 이 책은 입지, 자원, 무역, 인구, 문화의 5가지 키워드를 통해 현재와 미래를 관통하는 하나의 관점을 제공하고자 합니다.

지리에서는 여러 가지 요소가 어우러져서 하나의 이야기가 만들어지는 것을 '경관(景觀)'이라고 일컫습니다. 현대 세계를 단지 발생한 사건의 나열로만 머릿속에 담아두는 것이 아니라, 누군가에게 이야기하고 싶어질 만큼의 배경지식으로 이해하게 되면 세계를 재미있게 볼 수 있습니다. 이 책을 통해 세계의 '지금'을 포착하고, 남보다 앞서 '미래'를 읽어 내기를 바랍니다.

＊ 일본 오키나와현 이시가키섬에서 약 170km 떨어진 해역에 흩어져 있는 다섯 개의 섬과 세 곳의 암초를 말한다. 모두 무인도이다. 중국명으로는 댜오위다오이며, 센카쿠 열도에 대해 중국과 일본은 각각 역사적·국제법적으로 자국의 고유 영토라는 인식을 가지고 있다.

경제
제
는
지
리

① 러시아
면적: 1,710만㎢

건조 아시아

몬순 아시아

④ 중국
면적: 960만㎢

⑥ 오스트레일리아
면적: 769만㎢

서론

경제를 파악하는
지리의 관점

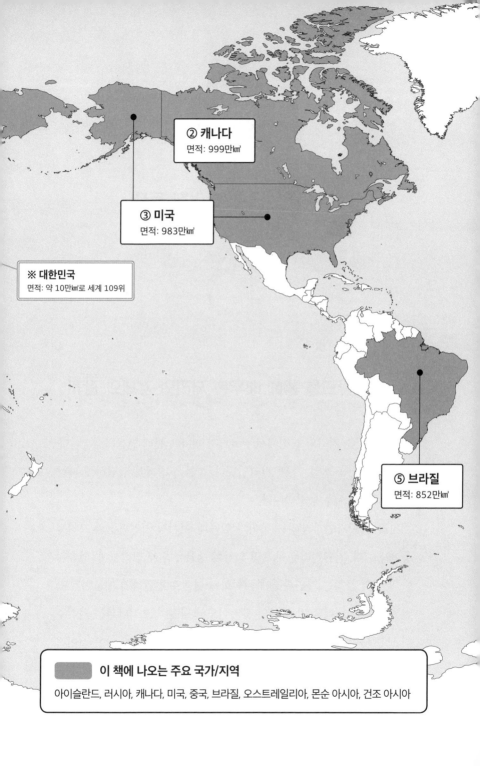

② 캐나다
면적: 999만㎢

③ 미국
면적: 983만㎢

※ 대한민국
면적: 약 10만㎢로 세계 109위

⑤ 브라질
면적: 852만㎢

이 책에 나오는 주요 국가/지역

아이슬란드, 러시아, 캐나다, 미국, 중국, 브라질, 오스트레일리아, 몬순 아시아, 건조 아시아

자연

지구가 인류에 부여한 토대

아이슬란드를 통해 배우는 지리와 경제의 관계

서론에서는 지리의 관점에서 본 4가지 테마에 관해 언급하겠습니다. 그것은 자연, 스케일, 자원, 거리입니다. 이들은 경제와 밀접하기 때문에 이 책에서 자주 등장합니다.

지리에는 '자연지리'라는 분야가 있는데, 여기서 자연환경의 지역성을 배웁니다. 자연지리를 배우면 인간의 생활을 쉽게 짐작할 수 있습니다. 인간의 문화는 자연환경에 최적화된 형태로 발달하기 때문이지요. 일본의 예를 들어 보면 북쪽의 홋카이도와 남쪽의 오키나와는 의식주의 모든 면이 서로 다릅니다. 자연환경이 다르므로 생활도 다른 것이지요. 지역적 특성을 알면 그곳의 생활양식을 보다 깊이 이해할 수 있습니다. 자연지리를 배우면 지구가 인류에게 부여한 '토대'에 대해 알게 되고, 더 나아가 경제 활동을 이해하는 데도 도움이 됩니다.

북유럽에 아이슬란드라는 섬나라가 있습니다. 인구가 약 33만 명, 국토 면적은 10만 3천㎢인 작은 나라입니다. 아이슬란드에는 화산이 많아서 이를 이용한 지열발전(地熱發電)이 발달했고, 총발전량의 26%를 차지하고 있습니다. 한편 아이슬란드의 북쪽 지역은 북위 66.6도 부근으로, 높은 위도에 위치해 매우 춥습니다. 연평균 기온이 10℃ 이하이지요. 그 때문에 빙하 침식으로 형성된 U자형 계곡(빙식곡: 빙하의 침식에 의해 형성된 계곡)이 많고, 지형의 높이 차이가 커서 생기는 물의 큰 낙차를 이용하여 수력발전이 발달했습니다. 수력발전이 총발전량의 74%나 차지할 정도입니다.

아이슬란드는 지열발전과 수력발전이라는 재생 가능 에너지(자연 에너지)만으로 전력 수요를 충당할 수 있는 나라입니다. 화력발전이나 원자력발전보다 낮은 비용으로 전력 공급이 가능하지요. 아이슬란드는 이를 무기로 알루미늄 공업을 발달시켰습니다.

알루미늄은 중간제품인 알루미나(산화알루미늄)를 전기분해해서 생산하는데, 그 과정에서 대량의 전기가 필요하기 때문에 무엇보다도 값싼 전력이 필수적입니다. 실제로 알루미늄은 아이슬란드에서 수출하는 품목 중에서 두 번째로 높은 비중을 차지하고 있습니다.

이는 아이슬란드에 주어진 토대라고 말할 수 있습니다. 아이슬란드는 인구도 적기 때문에 국민 1인당 전력 소비량이 5만 3,896kWh(킬로와트시)로 세계 최대입니다(2014년 데이터).

자연은 지구가 인류에게 부여한 토대입니다. 땅은 위대한 어머니라는 말처럼 토지는 인간의 경제 활동을 지탱해 주고 있습니다.

좋은 토지란?

국토 면적이 넓으면 많은 사람들이 살아갈 수 있습니다. 하지만 단지 넓기만 해서는 의미가 없지요. 오스트레일리아는 세계에서 6번째로 넓은 국가지만 국토의 약 60%가 건조 지역입니다. 그래서 거주 가능 지역이 제한되어 있습니다. 동부 지역에서 남동부, 그리고 남서부의 온난다습한 지역에 인구가 밀집되어 있지요. 또한 공업이 발달하려면 광물 자원이 풍부해야 합니다. '산업의 쌀'이라고 일컬어지는 철강 공업의 주원료는 철광석과 석탄입니다. 만약 이러한 자원의 대부분을 수입에 의존하게 되면 원료 조달 비용이 지나치게 높아질 겁니다.

국토 면적이 넓고 비가 많이 오며 광물 자원이 풍부한 땅, 즉 인간이 살아갈 수 있는 경제 활동의 토대를 잘 제공해 주는 땅을 '좋은 토지'라고 말할 수 있습니다.

경제를 받쳐 주는 지리

⬤ 북유럽에 위치한 섬나라 아이슬란드의 사례

· 화산이 많아 지열발전이 가능하다.
· U자형 계곡이 많아 수력발전이 용이하다.

그 덕분에

전력을 값싸게 얻을 수 있다.

결과

대량의 전력이 필요한 알루미늄의 생산과
수출이 활발해지면서
국가 기간산업의 하나로 자리 잡게 되었다.

스케일

크게 볼까, 아니면 작게 볼까?

지리학의 기본 지식

오른쪽 지도를 보면 한 줄기 하천이 흐르고 있고 근처에 다이아몬드 빌딩이 있습니다. 하천과 빌딩 사이가 실제로 얼마나 떨어져 있을지 한 번 생각해 볼까요? 둘 사이는 가깝다고도 할 수 있고, 멀다고도 할 수 있습니다. 이 지도를 어떤 '스케일'로 보느냐에 따라 답이 달라지기 때문이지요.

만약 20만분의 1 스케일이라면 매우 넓은 면적을 나타낸 것이므로 하천과 빌딩 사이의 거리가 멀다고 할 수 있습니다. 하지만 2만 5천분의 1 스케일이라면 20만분의 1보다 좁은 면적을 나타낸 것이라 하천과

하천과 빌딩은 얼마나 떨어져 있을까?

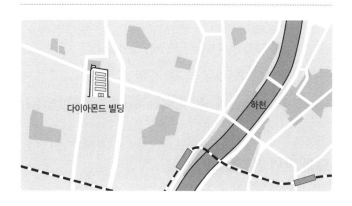

빌딩 사이의 거리가 가깝다고 할 수 있지요. 따라서 사물을 어떤 관점에서 바라보느냐가 중요합니다. 스케일에 따라 다양한 답이 나올 수 있기 때문이지요. 조사 목적에 따라 가장 먼저 최적의 스케일을 결정하는 것이 지리학에서는 매우 중요합니다.

도쿄 기온 상승의 원인

어느 날 도쿄의 기온이 갑자기 38℃까지 치솟았다고 가정해 보지요. 이것은 도쿄라는 특정한 장소에 국한된 문제이므로 도시 열섬 현상*이

---

* 어번 히트 아일랜드(Urban Heat Island) : 주위의 다른 지역보다 두드러지게 따뜻해진 대도시 지역을 말한다.

생겼다고 볼 수 있습니다. 그러므로 도쿄의 기온이 급상승한 것을 지구 온난화의 영향이라고 주장하며 지구 규모의 차원에서 생각하는 사람은 드물겠지요.

우리는 자신의 입장만 내세우며 싸우는 사람들을 많이 봅니다. 그 경우 대부분은 각자가 지닌 잣대, 즉 자신만의 스케일을 고집하기 때문입니다. 스케일을 올바르게 정하는 것, 이는 대단히 중요한 일입니다.

규모를 바꿔 경제를 보다

'스케일 메리트'라는 말이 있습니다. '규모의 경제'와 거의 같은 뜻입니다. 제조업 중에서 예를 들어 보겠습니다. 일본이라는 국가 단위의 스케일로는 철강업을 적절한 사례로 들 수 있겠습니다. 철강업은 대도시 근교에서 발달합니다. 상업 시설과 아파트를 많이 짓는 대도시에서 철강 수요가 많기 때문이지요. 수요가 많은 도쿄에 철강을 공급하려면 수송 비용이 적게 드는 주변 도시에 공장을 건설하는 것이 바람직합니다. 실제로 도쿄에서 가까운 가와사키 시와 지바 시에는 대규모 철강 제조업체인 JFE스틸 산하의 동일본제철소가 있습니다. 일본은 철강 생산에 필요한 철광석과 석탄 대부분을 수입에 의존합니다. 그러면 선박이 드나들기 쉽고, 냉각 용수를 얻기 쉬운 연안 지역이 제철소가 들어서기 좋은 입지가 됩니다. 즉 제철소의 입지는 대도시 부근의 연안 지역이 안성맞춤입니다.

규모를 바꿔 경제를 보면?

◯ 제조업의 스케일 메리트 비교

국가 스케일

세계 스케일

· 수요가 있는 대도시 근교에 공장 건설
· 원료 수입이 편리한 연안 지역이 최고의 입지

· 인건비가 싼 나라에서 대량 생산
· 조건이 갖춰지면 무관세로 수출 가능

한편, 제조업을 세계 스케일로 생각해 보면 인건비가 싼 나라로 공장을 이전시켜 생산하는 방법이 있습니다. 자동차는 스페인, 멕시코, 중국에서 많이 생산되고 있지요. 공장을 이전한 나라가 특정 나라 또는 지역과 자유무역협정(FTA: Free Trade Agreement)을 맺고 있다면 무관세로 수출할 수 있는 메리트도 생깁니다.

이처럼 스케일이 바뀌면 보이는 것도 바뀝니다. 나아가 반드시 보아야 할 것도 바뀌지요. 스케일을 올바르게 적용해야 경제를 제대로 볼 수 있습니다.

왜 쟁탈전이 일어나는가?

자원의 편중

머리말에서 언급했듯이 인간의 행동은 토지와 자원을 놓고 쟁탈전을 벌일 때 분명히 드러납니다. 토지와 자원은 부존량이 유한하고 유한성에 따라 가치가 결정됩니다. 예를 들어 수자원의 경우, 포장수력에 대해 생각해 볼 필요가 있습니다. 포장수력(包藏水力, potential water power)이란 국내에 존재하는 수자원 중에서 기술적, 경제적으로 이용 가능한 수력 에너지의 양을 말합니다.

사막이 넓은 서아시아나 북아프리카의 나라들처럼 강수량이 극히 적은 나라 또는 국토 면적이 좁은 나라는 포장수력이 작습니다. 반대로 몬순(monsoon) 기후의 영향으로 강수량이 많은 베트남, 태국, 인도네시아, 인도와 같은 동남아시아나 남아시아, 그리고 국토 면적이 넓은 나라는 포장수력이 큽니다.

세계로 눈을 돌려 보면 중국, 미국, 러시아, 브라질, 캐나다의 상위 5개국의 포장수력이 전 세계의 51%를 차지합니다. 상위 10개국까지 포함하면 전 세계의 3분의 2에 이릅니다. 여기서 우리는 수자원 역시 평등하게 손에 넣을 수 없다는 것을 알 수 있습니다.

원유도 매장량의 편차가 큰 자원으로 습곡 구조의 지층에 많이 매장되어 있습니다. 습곡이란 수평으로 퇴적된 지층이 횡으로 압력을 받아 휜 상태를 말합니다. 31페이지의 그림을 보면 알 수 있듯이 지각변동에 따라 좌우 혹은 어느 한쪽으로 압력이 가해지면 지층은 물결 모양의 상태로 휘어질 수 있습니다. 이를 습곡 작용이라고 합니다. 습곡 구조의 지역은 세계 어디에서나 쉽게 찾아보기 어렵고, 환태평양 조산대나 알프스·히말라야 조산대와 같은 신기조산대(新期造山帶)에 많다고 알려져 있습니다(31페이지 참조). 32페이지의 도표를 보면 신기조산대에 해당하는 곳에 유전이 많이 분포함을 알 수 있습니다.

20세기를 '석유의 세기'라고 일컫습니다. 자동차, 비행기의 이용이 늘어나면서 그 에너지 공급원인 석유의 수요가 많아졌고, 원유가 많이 매장되어 있는 페르시아만 주변의 지배권을 둘러싸고 많은 나라들의

---

* 현재도 지각 활동이 꾸준히 일어나는 지대로, 대지진이 빈번하게 발생하고 화산 활동이 활발하다.

주도권 쟁탈전이 벌어지게 되었지요. 그 결과 지역의 정치적 상황이 원유 가격에 영향을 미치게 되었습니다. 그런 이유로 원유는 지정학적 리스크가 큰 자원이라고 할 수 있습니다.

아무 데나 땅을 판다고 자원이 나오지는 않습니다. 그렇기 때문에 자원을 수출해서 외화를 벌어들이는 나라가 있는가 하면, 그 자원을 원자재로 수입해 제품으로 가공, 수출하는 나라도 있습니다. 결국 세계 시장을 목표로 각국은 자기가 가장 잘 할 수 있는 분야에 집중해 외화를 획득하려는 것이지요.

석유는 어디서 채굴할까?

○ 석유는 습곡 구조의 지층에 많이 매장되어 있다

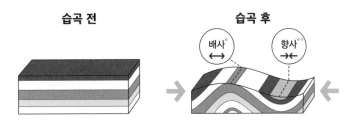

습곡 전   습곡 후

배사[*] ↔ 향사^{**} →←

좌우 혹은 한쪽에서 압력을 받아 지층이 물결 모양으로 휜다.

○ 습곡 구조의 지층은 신기조산대에 많이 분포한다

환태평양 조산대

알프스·히말라야 조산대

■ 신기조산대[※]
— 산맥

※ 환태평양 조산대와 알프스·히말라야 조산대

*   지층이 횡압력에 밀려 형성된 습곡에서 산 모양으로 솟은 부분이다.
**   습곡 지형에서 아래를 향해 오목하게 구부러진 부분이다.

○ 세계의 주요 유전도 신기조산대에 많이 분포한다

A	북해 유전	영국, 노르웨이 등이 개발
B	플로이에슈티 유전	루마니아의 유전, 고갈 징후
C	바쿠 유전	카스피해(海) 서부, 아제르바이잔 최대의 유전
D	볼가·우랄 유전	우랄 산맥 서부, 러시아에서 두 번째 큰 유전
E	튜멘 유전	우랄 산맥 동부, 러시아 최대의 유전
F	하시메사우드 유전	알제리 최대의 유전
G	낫셀 유전	리비아 최대의 유전
H	포트하커트 유전	나이지리아 최대의 유전
I	옥문(玉門) 유전	중국 서부의 유전
J	승리(勝利) 유전	중국 황하 하구 부근의 유전
K	대경(大慶) 유전	중국 최대의 유전
L	미나스 유전	수마트라섬 중부의 인도네시아 최대의 유전
M	베트남 유전	바쿠호, 다이훈 등의 해저 유전
N	프루드호 베이 유전	알래스카주에 있는 북미 최북단의 유전
O	캘리포니아 유전	로스앤젤레스 주변의 유전
P	멕시코만 유전	텍사스주와 루이지애나주에 걸쳐 있는 유전
Q	멕시코 유전	탐피코, 포자리카, 레포르마, 칸타렐 유전 등
R	베네수엘라 유전	마라카이보호(湖), 오리노코 유전 등

경제를 움직이는 4가지 거리

지리에서 다루는 거리 개념

거리라는 말을 들으면 대개는 '뉴욕에서 로마까지'처럼 출발지에서 도착지까지의 거리, 즉 '물리적 거리'의 이미지를 떠올립니다. 그러나 지리는 물리적 거리 말고도 여러 형태의 거리를 다룹니다. '시간적 거리', '경제적 거리', '감각적 거리' 등 3가지 거리 개념이 더 있지요. 경제는 사람, 물자, 돈, 서비스의 '움직임'이라고 말할 수 있습니다. 그리고 그 움직임을 이해하는 데 거리 개념이 중요한 역할을 하게 됩니다.

예컨대 이런 것이지요. '오늘은 여기까지 오는 데 얼마나 걸렸지?'라는 물음에 '30분쯤'이라고 대답하는 경우, 이 '30분쯤'도 일종의 거리 개념입니다. 이는 '시간적 거리'라고 말합니다. 시간적 거리를 단축하려면 고속 이동이 필요합니다. 고속 이동을 위해 사람들은 고속철도, 비행기 등을 발명했습니다. 이동의 대상은 사람이나 물자뿐만이 아닙니다. 정보도 이동하지요. 요즘은 통신 기술의 발달로 세계 어느 곳이든 연락을 취할 수 있습니다. 정보 이동에 필요한 시간적 거리는 거의 제로에 가깝지요. 이렇듯 이동에 드는 비용을 '경제적 거리'라고 말합니다. 삼사십 년 전에 비하면 오늘날은 경제적 거리가 무척 단축되어 손쉽게 해외여행을 즐기는 시대가 되었습니다.

시간 먼저? 돈 먼저?

간단한 예를 들어 보지요. 갑작스런 볼일이 생겨 당신은 도쿄에서 가고시마까지 가게 되었습니다. 어떻게 이동할 생각인가요? 도쿄에서 가고시마까지의 최단 거리는 약 950km입니다. 최단 거리로 가려면 비행기가 최선이겠지요. 육로 이동은 어떨까요? 내비게이션으로 확인해 보니 이동 거리가 약 1,300km입니다. 비행기를 이용하면 약 1,000km의 물리적 거리를 약 2시간(시간적 거리)에 이동할 수 있지만, 대신 4만 3,890엔이라는 비용(경제적 거리)이 필요합니다. 신칸센(고속철도)을 이용하면 어떨까요? 1,460km의 물리적 거리를 6시간 30분(시간적 거리) 걸려 이동

---

* 일본 규슈(九州) 남단에 있는 도시로 시내에 있는 사쿠라지마 섬은 최근까지도 화산 활동이 활발하다.

하게 되고, 경제적 거리는 2만 8,820엔이 됩니다.

'시간적 거리는 멀지만, 경제적 거리는 가까운 방법'을 선택할까, 아니면 '시간적 거리는 가깝지만 경제적 거리가 먼 방법'을 선택할까. 이는 일상생활에서 자주 부딪치는 고민거리라 할 수 있습니다. 무역의 경우라면 석유나 석탄처럼 단가가 낮은 것은 선박으로, 집적회로 패널이나 반도체처럼 단가가 높은 것은 비행기로 운반하겠지요.

이외에도 감각에 의한 거리 개념인 '감각적 거리'가 있습니다. 사람은 누구나 동일한 것을 보고도 서로 다른 감각을 가질 수 있습니다. 미국은 일본에서 멀리 떨어져 있지만 감각적 거리는 매우 가깝다고 말할 수 있습니다. 미국에서 얻을 수 있는 정보의 질이 높고, 그 양도 많기 때문에 일본은 미국을 가까운 존재라고 느낍니다. 반대로 중앙아시아의 키르기스스탄이나 타지키스탄 같은 나라들은 미국보다 물리적 거리가 가깝지만, 일본이 느끼는 감각적 거리는 멀겠지요.

이처럼 우리는 모든 거리 개념을 알게 모르게 받아들이면서 세계를 파악하고 있습니다.

칼리닌그라드

로테르담

그레이트디바이딩산맥

- 제1장 -

입지

●

지리적 이점으로
읽어 내는 경제 전략

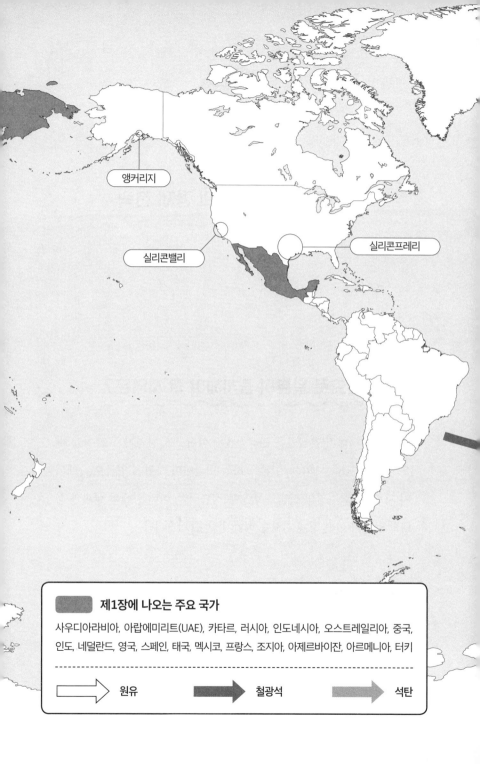

앵커리지

실리콘밸리

실리콘프레리

제1장에 나오는 주요 국가

사우디아라비아, 아랍에미리트(UAE), 카타르, 러시아, 인도네시아, 오스트레일리아, 중국, 인도, 네덜란드, 영국, 스페인, 태국, 멕시코, 프랑스, 조지아, 아제르바이잔, 아르메니아, 터키

원유   철광석   석탄

자원 수입국 일본의 경제 전략

앞으로 일본이 중시해야 할 지역은?

일본의 에너지 자급률은 원유 0.3%, 석탄 0%, 천연가스 2.6%로 매우 낮습니다(2013년 기준). 일본은 자원 빈국이며 자원 수입국으로 에너지 자원, 광물 자원의 산출량이 모두 적습니다. 이런 면에서 살피면 섬나라 일본이 어떤 경제 전략을 택할지 알 수 있습니다.

원유 : 중동 그리고 러시아

일본의 원유 수입국을 비중이 큰 순서대로 꼽으면 사우디아라비아,

아랍에미리트(UAE), 러시아, 카타르, 쿠웨이트, 이란, 인도네시아, 이라크, 멕시코, 베트남입니다. 태평양전쟁 직전인 1935년 당시에 일본의 최대 원유 수입국은 미국이었습니다. 미국으로부터 수입한 원유량은 총 수입량 420만 4,000kl 중 274만 9,000kl로 전체의 65.4%를 차지했지요. 미국은 마음만 먹으면 일본을 아주 쉽게 곤경에 빠트릴 수 있었습니다. 원유 수출을 중단하면 그뿐이었지요. 일본의 석유수출국기구(OPEC : Organization of the Petroleum Exporting Countries) 의존도는 84.9%(2015년 기준)로 상당히 높습니다. 최근에는 러시아로부터의 수입을 늘리면서 그 비율이 10%에 육박하고 있습니다. 앞으로 러시아는 일본의 중요한 파트너로서 점점 더 존재감이 높아지게 될 것입니다.

석탄 : 최대 의존국은 오스트레일리아

일본의 석탄 수입국은 비중이 큰 순서로 꼽아 보면 오스트레일리아, 인도네시아, 러시아, 캐나다, 미국, 중국입니다. 특히 오스트레일리아는 총수입량의 65%를 공급하는 나라로 일본의 최대 자원 공급국입니다. 오스트레일리아 동부 지역을 북에서 남으로 가로지르는 그레이트디바이딩산맥(36페이지 지도 참조)에는 모우라 탄전 등 유명한 탄전(석탄이 묻혀 있는 땅)이 있지요. 최근 일본은 인도네시아에서도 석탄 수입을 늘리고 있습니다. 1990년에 93만 5,000톤이던 수입량은 2015년에 3,263만 2,000톤까지 증가했습니다.

천연가스 : 수요 증대로 더욱 중요하게 될 자원

천연가스는 원유와 마찬가지로 습곡 구조의 지층에 많이 매장되어 있습니다. 당연히 산유국에서 천연가스도 많이 산출됩니다. 천연가스 산출량이 많은 나라는 미국, 러시아, 이란, 카타르, 캐나다의 순입니다. 의외일지 모르지만 미국과 러시아 두 나라가 생산량의 1, 2위를 차지하는 것은 에너지 자원 중에서 천연가스뿐입니다.

일본은 천연가스를 액화천연가스(LNG)의 형태로 수입합니다. 기체 상태의 천연가스와 비교하면 LNG는 부피가 약 600분의 1까지 줄기 때문에 한 번에 대량 운반이 가능하다는 이점이 있습니다. 물론 수송 비용도 절약되지요. 일본의 LNG 수입국을 그 비중이 큰 순서대로 꼽으면 오스트레일리아, 말레이시아, 카타르, 러시아, 인도네시아, 아랍에미리트, 나이지리아가 됩니다. 2010년 일본 LNG 수입량은 약 7,000만 톤이었습니다. 하지만 동일본대지진으로 원자력발전소 가동이 중지되면서 화력발전용 연료로서 그 수요가 증가하여 2014년에는 약 8,851만 톤으로 무려 26%나 증가했습니다. 특히 러시아로부터의 수입량은 약 603만 톤에서 약 845만 톤으로 크게 증가했습니다.

철광석 : 모든 산업에 기초가 되는 최대의 광물 자원

철광석을 원료로 하는 철강은 산업의 쌀이라 부를 만큼 모든 산업의 기초 자원입니다. 전 세계의 철광석 산출량은 14억 8천만 톤으로 모든 광물 자원 중 최대 규모입니다. 일본의 철광석 수입국을 비중별로 보면 오스트레일리아, 브라질, 남아프리카 공화국(남아공), 캐나다, 인도, 러시아, 우크라이나 순입니다.

일본의 진정한 파트너는?

자원 수입국 일본이 반드시 알아야 할 중요한 문제가 있습니다. 바로 동남아시아와 오스트레일리아의 중요성입니다. 일본은 철광석, 석탄, 천연가스 상당량을 오스트레일리아로부터 수입합니다. 수송은 선박을 이용하지요. 자원은 부가가치가 거의 창출되지 않으므로 가격이 쌉니다. 그에 비해 수송비는 상대적으로 비싸기 때문에 선박을 이용할 수밖에 없습니다. 자원을 실은 선박은 오스트레일리아를 출발하여 동남아시아를 통과합니다. 페르시아만에서 원유를 실은 선박도 동남아시아를 통과하지요. 일본과 동남아시아의 관계가 악화되면 선박의 운행이 어려워집니다. 동남아시아는 일본에게 가장 중요한 해상교통로입니다.

한편, 원유나 천연가스는 러시아 의존도가 급속히 증가하고 있습니다. 일본과 러시아 간에는 북방영토* 문제가 존재하기 때문에 평화조약

---

* 러시아와 일본 간의 영유권 분쟁이 일고 있는 쿠릴열도 북단 4개 섬을 가리킨다. 제2차 세계대전 이후 소련의 영토로 편입된 뒤, 현재 러시아가 실질적으로 지배하고 있으나 일본이 반환을 요구하면서 갈등이 지속되고 있다.

을 맺고 있지는 않습니다. 하지만 민간 차원의 경제 교류는 넓혀가고 있지요. 2016년 12월에 열린 일본·러시아 정상회담에서도 경제적 제휴의 필요성이 논의되었습니다.

자원 빈국일수록 어디서 자원을 조달할지, 어떤 방법으로 수송할지 등의 국가 정책을 지리적 조건에서 따져보는 '지정학'을 중요하게 다루어야 합니다. 지리학은 지정학을 배우는 데 가장 적합한 학문입니다.

일본에게 중요한 나라는?

동남아시아
미얀마, 태국, 베트남,
필리핀, 말레이시아,
인도네시아

일본

- 원유
- 천연가스
- 석탄
- 철광석

GAS

오스트레일리아

자원은 가격이 싸기 때문에 선박 수송이 유리하다

일본의 경우 '어디서 자원을 조달할지'가

사활이 걸린 문제

지리의 이점을 살린 '인도판 실리콘밸리'

시차, 문화, 교육의 컬래버레이션

최근 일본 체류 인도인이 증가하고 있습니다. 통계에 따르면 일본 체류 인도인은 2006년 1만 8,906명에서 2015년 2만 8,047명으로 1만 명 가까이 늘었습니다. 체류 목적은, 기술, 인문 지식, 국제 업무, 기능 등인데 일본 체류 인도인 대부분은 IT 기술자라고 봐도 무방합니다.

인도 IT 산업의 발전

과거 인도는 영국의 식민 지배를 받았습니다. 그로 인해 영어가 준공

'시차'가 육성시킨 IT 산업

데이터 도착!
열심히 일하자!

다 했다!
다음은 인도에
맡기자!

소프트웨어 개발 속도 향상!

※ 인도-미국 간의 시차는 약 12시간

용어가 되었지요. 연방 공용어로 힌디어가 있지만 국민의 41%밖에 사용하지 않고, 영어를 공통 언어로 널리 사용하고 있습니다.

인도는 국토의 중앙부를 동경 80도가 통과합니다. 그래서 서경 100도 부근과 정확히 12시간의 시차가 생깁니다. 서경 100도는 미국 텍사스주를 중심으로 발달한 첨단 기술 산업의 중심지인 실리콘프레리*를 통과합니다. 또한 서경 120도는 미국 캘리포니아주를 중심으로 발전한 실리콘밸리를 통과하지요. 결국 인도와 미국의 주요 IT 도시와의 시

---

* Silicon Prairie, 미국의 실리콘밸리를 본 따 첨단 기술 산업이 집약된 곳을 일컫는다. 실리콘밸리의 지형이 계곡(밸리)인데 반하여 평원(프레리)이라는 뜻이다. 그 밖에도 미국 콜로라도주의 덴버에는 실리콘마운틴 등이 있다.

차는 대략 12시간이 됩니다. 실리콘프레리와 실리콘밸리에서 개발하고 있는 소프트웨어를 밤에 인도로 보내면 아침을 맞이한 인도에서 바통을 이어받아 계속 개발을 진행할 수 있습니다. 여기서 인도가 미국과 똑같은 언어, 즉 영어를 사용한다는 점도 간과할 수 없겠지요. 영국의 식민 지배는 인도인에게 고통스러운 기억이겠지만, 공교롭게도 그로 인해 상용된 지배국의 언어가 오늘의 인도에서 소프트웨어 산업 발전의 원동력이 되고 있습니다.

카스트 구속에서 벗어나는 IT 기술자

인도인의 약 80%는 힌두교를 믿습니다. 힌두교에는 카스트라는 계급 제도가 있는데 4가지의 바르나˚로 구분됩니다. 최상층인 브라만을 비롯해 크샤트리아, 바이샤, 그리고 최하층인 수드라로 나뉘지요. 또한 세습적인 직업 신분 집단인 자티(고유한 특징을 가진 집단)에 의해 사회 계급이 세분화되어 있습니다. 자티는 2천 내지 3천 종류나 된다고 하는데, 세습이라는 말에서 알 수 있듯이 카스트 하에서는 자신이 원하는 직업에 종사하기가 어렵습니다.

인도의 헌법은 차별을 금지하지만 카스트의 영향은 아직도 사회 전반에 뿌리 깊게 남아 있습니다. 하지만 산업 발전과 더불어 카스트에서

˚ Varna, 산스크리트어로 색이라는 뜻이다.

규정하지 않는 'IT 산업'이라는 새로운 직종이 등장했습니다. 낮은 카스트 계급으로 태어난 인도인이라도 약간의 운과 재능을 바탕으로 꾸준히 노력하면 빈곤에서 벗어날 수 있게 된 것이지요.

오늘의 인도에는 '빈곤으로부터의 탈출'을 가슴에 품고 IT 기술을 배우기 위해 일류 대학에 들어가려고 애쓰는 젊은이들로 넘쳐나고 있습니다.

치열한 인도 공과대학의 입시 경쟁

인도 공과대학(IIT : Indian Institute of Technology)은 인도의 16곳 국립대학의 총칭입니다. 2012년 데이터에 따르면 인도 공과대학의 정원은 9,590명인데 지원자는 무려 50만 6,000명에 다다릅니다. 약 53 : 1의 경쟁률로 전체 지원자의 98%가 낙방의 눈물을 흘려야만 합니다. 인도 공과대학을 졸업한 인도인들은 파격적인 대우를 받으며 해외의 IT 기업에서 일하고 있습니다. 미국 구글(Google)이 제시하는 13만 달러의 연봉은 인도 국내에서 일하는 IT 기술자의 평균 연봉 9천 달러와 비교하면 어마어마한 금액입니다. 꿈을 찾아 해외로 진출할 만하지요. 앞서 일본에서 인도인의 체류가 증가하는 추세라는 지적도 바로 이러한 배경이 있기 때문입니다.

한 장의 지도로 읽는 러시아와
유럽의 경제적 유대 관계

러시아 → 네덜란드 → 유럽의 연결 고리

러시아는 매우 넓은 나라입니다. 국토 면적이 1,710만㎢로 세계 최대이며 유라시아 대륙을 넓게 횡단하고 있습니다. 러시아의 최서단은 동경 20도의 칼리닌그라드*, 최동단은 서경 170도의 베링해협에 면한 데지네프곶으로 실제 경도차가 170도나 됩니다. 거리로 따지면 약 1만 1천㎞. 동서로 넓은 나라이기에 표준시(標準時)가 무려 11개나 됩니다. 동서뿐 아니라 남북으로도 넓어서 남북의 길이는 총 4,500㎞에 이르지

---

* 러시아 본토와 멀리 떨어진 영토로, 다른 국가의 영토에 둘러싸여 있다. 1946년 쾨니히스베르크에서 칼리닌그라드로 이름이 바뀌었다.

요. 이렇듯 서쪽으로는 유럽, 동쪽으로는 아시아와 연결된 거대한 나라가 바로 러시아입니다. 그런데 러시아의 최대 수출국은 어디일까요? 대규모 소비 시장을 갖춘 미국일까요? 아니면 최근 경제 성장이 눈부신 중국일까요? 모두 아닙니다. 정답은 네덜란드입니다. '뭐, 네덜란드?'라며 의아해 할 사람도 많겠지요. 네덜란드는 평균 연봉이 5만 1,442달러(2015년)로 구매력은 높지만, 인구는 1,692만 명으로 적은 편입니다. 국내 시장이 크지 않은 네덜란드가 어떻게 러시아의 최대 수출국이 되었을까요?

이 수수께끼를 푸는 열쇠는 바로 러시아의 원유입니다. 지금의 러시아가 과거 소비에트 사회주의 공화국 연방(소련)이던 시절, 블록경제 시스템*에 의해 무역의 약 70%가 소련 블록 구성국 내에서 이루어졌습니다. 그러나 냉전 체제가 붕괴되면서 유럽으로의 수출액이 매년 늘었습니다. 물론 주요 수출 품목은 원유와 천연가스였습니다.

유럽을 흐르는 두 개의 국제하천

국제하천이란 두 개 이상의 나라에 걸쳐 흐르기 때문에 조약에 따라 어느 나라의 선박이든 자유롭게 항행할 수 있는 하천을 말합니다. 유럽은 대부분의 나라가 육로로 연결되어 있고, 라인강이나 다뉴브강 같은

---

* 이해관계가 일치하는 나라끼리만 무역 제한이 없고, 나머지 나라에 대해서는 무역 장벽을 쌓는 폐쇄적인 경제 체제를 말한다.

유 럽 의 국 제 하 천

○ 라인강

북해
네덜란드
벨기에
독일
프랑스
스위스 오스트리아

○ 다뉴브강

폴란드
독일
체코
슬로바키아
스위스 오스트리아
헝가리

국제하천이 흐르고 있습니다. 라인강은 북해, 다뉴브강은 흑해로 각각
흘러듭니다. 라인강은 마인강이라는 지류가 있고, 마인강과 다뉴브강
은 마인-다뉴브 운하로 연결되어 있습니다. 즉 북해와 흑해가 하나의
대동맥으로 이어져 있는 셈입니다.

네덜란드 – 유럽 시장의 입구

다뉴브강은 독일의 슈바르츠발트에서 시작하여 동쪽으로 흐릅니다.
그리고 오스트리아, 슬로바키아, 헝가리, 세르비아, 루마니아, 불가리아
를 거쳐 흑해로 흘러듭니다. 하류 지역이 동구권의 루마니아인데, 냉

전 시대에는 상류 지역인 서유럽으로 가는 선박의 항행이 거의 불가능했습니다. 냉전이 종결되면서 다뉴브강의 물결은 생기를 되찾습니다. 1992년에는 마인-다뉴브 운하가 완성되었지요.

한편, 라인강은 여러 개의 원류에서 시작한 강물이 스위스, 독일, 오스트리아 3국의 국경지대에 있는 보덴호(湖)에 모였다가 서쪽으로 흘러가, 스위스의 바젤 부근에서 북쪽으로 방향을 틀면서 다시 독일과 프랑스의 국경하천이 되어 독일의 루르 공업지대를 통과한 다음, 네덜란드를 거쳐 북해로 흘러들어 갑니다. 도중에 인어 전설로 유명한 로렐라이의 거대한 암벽도 통과합니다. 라인강의 하구는 네덜란드의 로테르담입니다(50페이지 왼쪽 지도 참조). 이곳엔 유럽 최대의 항구인 유로포트(Europort, 유럽 최대 무역항인 로테르담의 부속 항구도시)가 있습니다.

유로포트는 유럽 시장의 현관 역할을 합니다. 이곳에서는 세계 최대급의 석유화학 공업이 발달하여 석유화학에 관련된 소위 '석유화학 콤비나트'*가 형성되어 있습니다.

네덜란드에서 유럽 전역으로

그러면 네덜란드가 왜 러시아의 최대 무역 상대국으로 되었을까요? 그 이유는 러시아가 유럽 시장에 자원을 공급하려면 반드시 거쳐야 할

---

* 기업 간 생산성 향상을 도모하려고 원료나 공장 시설을 유기적으로 묶은 지역을 말한다.

현관이 바로 네덜란드이기 때문입니다. 러시아에서 출발하여 유로포트에 도착한 원유는 네덜란드의 로테르담에서 석유화학 공업의 원재료가 됩니다. 그리고 유로포트에서 독일의 루르 공업지대까지는 파이프라인이 설치되어 있지요.

오른쪽 지도를 보면 다음 내용을 한눈에 볼 수 있습니다. 러시아는 네덜란드로 원유를 수출합니다. 네덜란드는 원유를 석유제품으로 가공하여 라인강을 이용해 독일로 수출합니다. 네덜란드는 라인강의 지류인 마스강(뫼즈강)의 상류에 위치한 벨기에 및 프랑스 북동부와 마스·왈 운하(Mass-Waal canal)로 연결되어 있기 때문에 벨기에와 프랑스로도 수출이 가능하지요. 네덜란드의 수출 상대국은 1위 독일, 2위 벨기에, 3위 영국, 4위가 프랑스입니다.

러시아 국민들은 자국의 최대 수출 상대국이 유럽연합(EU : Europe Union)이라는 인식이 강합니다. 그리고 EU의 입구가 바로 네덜란드이지요. 라인강 하구라는 지리적 조건이 네덜란드 경제 성장의 최대 요인이라 할 수 있습니다.

러시아와 유럽 간의 경제적 연결 고리

1 러시아, 네덜란드로 원유 수출

2 네덜란드, 석유화학 콤비나트에서 석유제품으로 가공

3 네덜란드에서 출발한 석유제품은 마인강이나 다뉴브강을 거쳐 유럽 각지로 수송

04

영국의 EU 가입이
아시아·태평양에 미친 영향

영국과 오스트레일리아의 접점

1973년 영국은 유럽공동체(EC : European Community, EU의 전신)에 가입합니다. 이는 유럽 경제에서 하나의 전환점이 되었고, 멀리 떨어진 아시아·태평양에도 큰 영향을 미쳤습니다. 그 중심에는 오스트레일리아가 있습니다.

오스트레일리아라는 국명은 라틴어 '테라 아우스트랄리스(Terra Australis)'에서 유래된 것으로, '미지(未知)의 남쪽 대륙'이라는 뜻입니다. 고대 그리스 시대에는 지구가 둥글다는 지구 구체설이 등장하면서 남반구에도 북반구와 똑같은 크기의 대륙이 있다고 생각했습니다. 오랫동안 가설로만 전해오던 미지의 남쪽 대륙이 실제로 증명된 것은 대항해시대에 들어서입니다.

유럽인들이 볼 때 그만큼 오스트레일리아는 멀고 먼 땅이었습니다. 대항해시대를 맞아 오스트레일리아라는 존재가 유럽에 알려졌습니다. 오스트레일리아는 1828년경 영국의 식민지가 되고, 그 이후 많은 개척이 이루어졌습니다. 특히 영국의 유형 식민지(流刑植民地)로 되면서 영국에서 많은 죄수들이 이민의 성격으로 건너왔지요. 그들은 원주민인 애보리진(Aborigine)으로부터 땅을 강제로 빼앗아 농경지나 목초지로 만들었습니다.

오스트레일리아의 경제 발전과 영국으로부터 분리

먼저 오스트레일리아의 경제 발전을 살펴보겠습니다. 냉동선이 없던 시대에 사람들은 쉽게 상하지 않는 양고기를 소중히 여겼습니다. 오스트레일리아의 초대 총독 아서 필립(Arthur Phillip)이 가져온 44마리의 양(메리노종)은 현재 7,559만 마리로 불어나 오스트레일리아는 세계에서도 손꼽히는 목축 국가가 되었습니다. 또한 오스트레일리아의 양모 생산량은 21만 6,300톤(2013년)으로 중국에 이어 세계 제2위를 차지하고 있으며, 수출량은 21만 6,000톤(2013년)으로 세계 최대를 자랑합니다.

1851년 오스트레일리아의 빅토리아주에서 금광이 발견되었습니다. 그러자 일자리가 많아지면서 중국인의 이민도 늘어났습니다. 이렇게 중국인 이민이 늘어나자 자신들(영국계 백인)이 누려야 할 부와 고용이 위협받는다며 이민자들을 배척하는 움직임이 일었습니다. 급기야 1888년에 중국인 이민제한법이 제정되었습니다. 이는 백인이 아닌 모든 유색 인종을 배제하는 백호주의(白豪主義, White Australia Policy) 정책이 오스트레일리아의 국시(國是)가 되는 배경이 됩니다. 백호주의를 바탕으로 1901년 이민제한법이 제정되었고, 제2차 세계대전 후 백호주의의 오스트레일리아는 영국과 아일랜드 등 유럽의 이민을 받아들이겠다는 계획을 발표했습니다. 그러나 유럽은 제2차 세계대전의 여파로 이민을 보낼 여유가 없었습니다. 또한 1973년에는 당시 오스트레일리아의 최대 무역 상대국인 영국이 EC에 가입한 뒤 점차 유럽 내에서 경제적인 관계를 강화하기 시작하면서, 오스트레일리아는 지역적으로 가까운 아시아·태평양 국가들을 중요시할 수밖에 없었습니다.

결국 오스트레일리아는 1973년부터 1975년에 걸쳐 백호주의 관련 모든 법률을 개정 혹은 폐지하면서 아시아·태평양 국가들과 긴밀한 관계를 적극적으로 모색했습니다. 마침내 1975년 인종차별금지법이 제정되면서 70년 넘게 지속되었던 이민제한법이 종말을 맞이합니다. 이로써 오스트레일리아의 다문화주의가 시작된 것이지요. 1989년 당시 오스트레일리아 총리였던 호크의 제창으로 오스트레일리아, 한국, 일본, 뉴질랜드, 미국, 캐나다에 아세안 6국(당시의 필리핀, 태국, 싱가포르, 말레이시아, 인도네시아, 브루나이)을 더한 12개국이 모여 '아시아 태평양 경제협력체(APEC : Asia-Pacific Economy Cooperation)'를 발족시켰습니다.

이처럼 영국과 오스트레일리아가 각자의 길을 걷게 된 것은 두 나라 간의 물리적 거리를 논외로 하면 설명이 어려울 것입니다.

오스트레일리아의 무역 관계 변화

오스트레일리아의 제창으로

APEC(아시아 태평양 경제협력체) 탄생!

저임금은 경제 발전의 열쇠
- 스페인의 경우

EU의 역사와 발전

선진국이라는 말이 있지요. 일반적으로 선진 공업국을 지칭하므로 여기서도 선진국 대신 선진 공업국이란 말을 쓰겠습니다. 선진 공업국에서는 기계류(일반기계와 전기기계)와 자동차의 생산이 활발합니다. 국내 시장은 물론 세계 시장에도 적극적으로 수출하므로 수출 품목에서 기계류와 자동차가 차지하는 비중도 높습니다. 그 밖의 수출 품목으로는 정밀기계, 석유제품, 항공기 등을 꼽을 수 있습니다.

선진 공업국 대부분의 최대 수출 품목은 기계류입니다. 그러나 스페인의 최대 수출 품목은 자동차이지요. 스페인의 수출 품목 중 1위는 자동차, 2위는 기계류로, 이런 현상을 보이는 나라는 선진 공업국 중에서 스페인뿐입니다. 스페인은 제2차 세계대전 후 수입대체형 공업화 정책을 펼쳤습니다. 수입대체형 공업화 정책은 수입에 의존하던 공업 제품을 국산화함으로써 자국의 근대적 공업화와 경제 발전을 도모하는 것으로, 국내 산업 육성의 목적이 있습니다. 하지만 국민 1인당 구매력이 작은 나라는 시장 규모에 한계가 있기 때문에 시장은 금세 포화 상태에 빠지게 됩니다. 그러면 시장의 확대를 목적으로, 수입대체형 공업화 정책은 수출지향형 공업화 정책(자국에 외국계 기업을 적극적으로 유치하여 생산과 수출을 촉진하려는 정책)으로 바뀌게 됩니다.

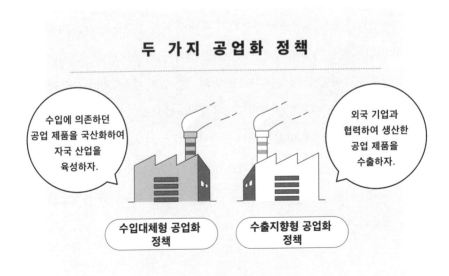

두 가지 공업화 정책

수입에 의존하던 공업 제품을 국산화하여 자국 산업을 육성하자.

외국 기업과 협력하여 생산한 공업 제품을 수출하자.

수입대체형 공업화 정책

수출지향형 공업화 정책

값싼 노동력을 무기로 삼아 발전

스페인은 1970년대 중반부터 수출지향형 공업화 정책을 채택했습니다. 1986년에 포르투갈과 함께 EC에 가입하면서 유럽에서 손꼽히는 자동차 생산 대국으로 발전했습니다. 가솔린 자동차의 원조로는 독일의 벤츠와 다임러를 들 수 있습니다. 자동차 산업은 독일과 프랑스에서 보듯 유럽의 전통 산업이지요.

당시 스페인은 독일이나 프랑스는 물론, 유럽의 다른 국가들과 비교해도 임금 수준이 비교적 낮은 나라였습니다. 오른쪽 그래프는 1991년 이후 EU 주요 4개국의 평균 임금 수준의 추이를 나타내는데, 지금도 스페인의 임금 수준은 영국이나 독일보다 낮다는 것을 알 수 있습니다. 스페인의 저임금 노동력을 활용하기 위해 독일과 프랑스의 많은 자동차 기업이 생산 거점을 스페인으로 옮긴 결과, 스페인은 부품 제조업의 노하우를 축적할 수 있었습니다. 또한 외국계 부품 제조사와의 기술 제휴로 국내 제조 부품의 경쟁력도 크게 향상되었지요.

EU 안에는 약 5억 명의 인구가 살면서 거대한 시장을 형성하고 있습니다. 더구나 사람, 자원, 돈, 서비스의 이동이 자유로워 관세를 물지 않고도 EU 시장 내에서 수출이 가능합니다. 이러한 요소들을 바탕으로 스페인의 자동차 산업은 비약적으로 발전할 수 있었습니다.

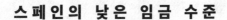

스페인의 낮은 임금 수준

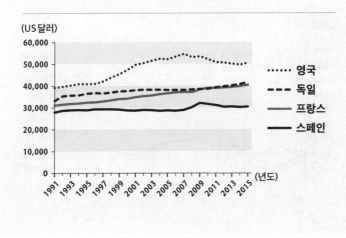

(US달러)

60,000
50,000
40,000
30,000
20,000
10,000
0

1991 1993 1995 1997 1999 2001 2003 2005 2007 2009 2011 2013 2015 (년도)

······ 영국
--- 독일
── 프랑스
── 스페인

동유럽 여러 나라가 EU에 가입하면서 일어난 일

1992년 EC는 유럽연합조약(마스트리히트 조약)을 맺고, 다음해인 1993
년부터 EU로 탈바꿈하게 됩니다. 1995년에 오스트리아, 스웨덴, 핀란
드가 가입하고, 2004년에는 동유럽 국가들을 중심으로 10개국, 2007
년에는 루마니아와 불가리아, 2013년에는 크로아티아가 가입함으로써
회원국은 총 28개국이 됩니다.

EU의 회원국이 늘면서 유럽 기업들은 스페인보다 임금 수준이 더
낮은 동유럽 국가로 생산 거점을 이전하게 되고, 스페인은 과거 저임금
의 이점을 동유럽 국가에 뺏기게 됩니다. 62페이지의 그래프를 보면,

동유럽 5개국의 자동차 생산량 추이

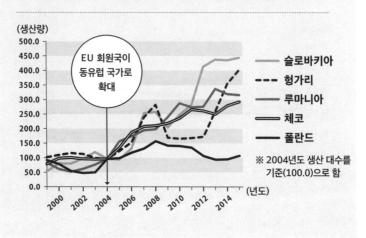

(생산량)

EU 회원국이 동유럽 국가로 확대

― 슬로바키아
--- 헝가리
― 루마니아
― 체코
― 폴란드

※ 2004년도 생산 대수를 기준(100.0)으로 함

(년도)

EU 가입 이후 폴란드, 체코, 슬로바키아, 루마니아, 헝가리 등 동유럽 국가들의 자동차 생산 대수는 눈에 띄게 증가했습니다. 그 결과 스페인 자동차 산업이 공동화(空洞化)될 우려가 생겼습니다. 실제로 스페인의 자동차 생산 대수는 2004년을 기준으로 감소하기 시작했습니다.

스페인의 전략 변경

그러나 현재 스페인은 자동차 생산량에서 1990년대만큼의 위세는 아니지만, 유럽 국가 중에서 독일에 이어 제2위를 차지할 정도의 자동차 생산 대국이 되었습니다. 2015년의 생산 대수가 273만 3천 대인데 그 중 수출은 227만 3천 대로 총생산량의 83.2%를 수출하고 있습니다. 이는 EU 회원국이 증가한 이후에도 스페인은 여전히 유럽에서 유력한 자동차 생산 거점으로 지위를 확보하고 있다는 증거라 하겠습니다.

비록 동유럽 국가들에 대중적인 승용차의 생산은 양보했지만, 비양산(非量産)형의 고품질 소형차나 미니밴 같은 다목적 차량의 생산 체제로의 전환을 통해 스페인의 자동차 산업은 새로운 전기를 맞고 있습니다. 또한 생산뿐 아니라 연구 개발에도 박차를 가함으로써 연구 개발의 사업 거점으로서의 역할도 강화하고 있습니다.

최강의 자동차 생산 시스템을 찾다
– 인도, 태국, 멕시코

지리적 이점, 그 활용은 나라 하기 나름

자동차는 매우 편리한 수송 수단입니다. 자동차가 있으면 사람들의 행동 범위가 대폭 확대되기 때문이지요. 그럼 자동차를 어떻게 손에 넣을 수 있을까요? 자동차 제조업체가 국내에 있으면 국산차를 바로 구입할 수 있지만, 그게 여의치 않으면 해외에서 자동차를 수입할 수밖에 없습니다. 물론 해외의 자동차 제조업체를 국내에 유치해서 생산하는 방법도 있습니다.

여기서는 세계적인 자동차 생산국인 인도, 태국, 멕시코의 자동차 생산 시스템에 관해 살펴보겠습니다. 인도에서는 영국의 식민 지배 시대부터 국내 자원을 활용하여 섬유 공업이 발달했고, 인도 최고 재벌 타타의 주도하에 철강업도 발달했습니다. 영국으로부터 독립한 후, 인도는 국가주도 경제 시스템 속에서 풍부한 자원과 거대한 국내 시장을 토대로 수입대체형 공업화(수입한 공업 제품의 국산화)를 추진합니다. '샌들에서 인공위성까지'라는 슬로건을 내세워 국내 수요를 모두 국내 생산으로 채우려는 정책을 펼치지요.

자동차 산업은 타타 재벌, 마힌드라 재벌을 중심으로 발전했는데, 1980년대에 접어들면서 스즈키, 혼다와 같은 일본 자동차 제조업체가 인도 시장에 뛰어들었습니다. 스즈키 자동차는 인도 국영회사인 마루티 우드요그와 협력하여 '마루티 스즈키 인디아'를 설립, 자동차 생산을 개시했고, 혼다는 히로 사이클스와 손을 잡고 '히로 혼다 모터스'를 설립, 오토바이 생산을 시작했습니다(현재는 합병관계가 아님). 지금도 스즈키와 혼다는 인도 시장에서 큰 비중을 차지하고 있는데, 특히 마루티 스즈키 인디아는 인도 국내의 자동차 생산 부문에서 최대 점유율을 자랑하고 있습니다.

인도 - 외국 기업 유치와 내수 확보

하지만 수입대체형 공업화는 한계에 부딪치기 마련입니다. 인도는 1991년부터 시장 경제를 도입, 개방 경제로 전환했고, 2000년부터는 외국 기업의 인도 진출이 활발해집니다. 그 배경으로 2002년의 '외국 기업 출자에 관한 최저 투자 금액 규제'의 철폐, '100% 외국 자본 출자 금지'의 철폐 등 대폭적인 규제 완화 조치를 들 수 있습니다. 그 중에서 한국의 현대자동차는 100% 전액 출자로 인도 시장에 뛰어든 직후부터 바로 시장 점유율을 늘렸고 지금은 마루티 스즈키 인디아에 이어 두 번째로 높은 시장 점유율을 점하게 되었습니다. 타타 모터스, 마힌드라& 마힌드라(M&M) 같은 인도 토종 자동차 회사보다 시장 점유율이 훨씬 높지요.

인도의 교통수단으로는 여전히 오토바이가 주류(약 80%)를 이루고 있지만, 앞으로 자동차 수요가 크게 늘어날 것으로 기대하고 있습니다. 인도의 자동차 1대당 인구는 2005년 110.9명이었으나 2014년에는 46.3명이 되었습니다. 자동차를 보유한 국민이 그만큼 늘고 있다는 증거지요. 일반적으로 자동차 보급의 기준점은 국민 1인당 국내총생산(GDP : Gross Domestic Product)이 2,500~3,000달러에 이를 때로 봅니다. 2015년도 인도의 1인당 GDP는 1,598달러이므로 인도 전역에 자동차가 보급되려면 앞으로도 시간이 걸릴 것입니다.

하지만 자동차 수요는 인도의 고소득층은 물론이고 중류층에도 잠재되어 있습니다. 2015년 현재 인도의 중류층은 전체 인구의 25.5%로 아직은 낮지만, 모수가 크기 때문에 중류층 인구 수는 대략 3억 3천만 명에 이릅니다. 미국 인구와 맞먹는 규모이지요. 그렇기에 인도는 국내 판매에 역점을 둔 자동차 생산 시스템 구축에 총력을 기울이고 있습니다.

태국 – 동남아시아의 생산 거점

태국은 인도와는 달리 국민차 계획(자력으로 자동차를 제조하겠다는 계획)
이 없었습니다. 그저 외국 자동차 회사를 국내 시장에 끌어들여 자동차
산업을 일으키고자 했지요. 일본계 자동차 기업의 진출을 통한 자동차
산업의 발달을 꾀하던 중, 1957년 처음으로 토요타 자동차가 방콕에
판매 거점을 설치하게 되었습니다.

태국은 외국 자동차 기업에 특별한 투자 혜택을 주고 있습니다. 예컨
대 조립 부품을 수입해서 태국 국내에서 자동차를 조립하면 완성차를
수입하는 경우에 비해 관세를 절반으로 낮춰 주었습니다. 이와 같은 우
대 정책을 통해 적극적으로 외국 자동차 기업을 유치하고자 했습니다.
그럼에도 불구하고 1960년대 후반부터 완성차 수입이 증가하면서 무
역 적자가 심각해졌습니다. 결국 태국은 국내 생산으로 부품을 조달하
겠다는 '부품 국산화 정책'을 도입하게 됩니다.

자동차 제조업은 모기업이 산하에 자회사를 거느리는 피라미드형
구조이므로 그만큼 고용 창출이 높은 산업입니다. 태국은 부품 국산화
정책을 통해 고용 창출 효과가 큰 자동차 산업을 육성하고자 했습니
다. 때마침 1985년 '플라자 합의'*로 엔화 가치가 상승하여 일본의 자동
차 수출이 타격을 입게 됩니다. 그 덕분에 현지 생산이 빛을 보게 되었

---

* 1985년 9월 22일, 미국 뉴욕의 플라자호텔에서 개최된 G5 경제 선진국(프랑스, 서독, 일본, 미
국, 영국)의 재무장관 및 중앙은행 총재 합동회의에서 결정한 국제 환율에 관한 합의사항이다.

지요. 1989년이 되면서 태국은 인도네시아를 제치고 동남아시아 최대의 자동차 생산국으로 떠올랐습니다. 그 후, 동남아시아의 생산 거점이 되어 동남아시아 국가연합(ASEAN, 아세안) 국가들을 대상으로 한 수출에 역량을 기울이고 있습니다.

태국은 국민 1인당 GDP가 5,814달러로 인도보다 높지만, 인구가 약 7천만 명밖에 되지 않습니다. 그만큼 국내 시장이 크지 않아 수출에 더 많은 힘을 기울이지요. 이런 이유로 인도와는 생산 시스템이 크게 다릅니다. 태국은 1997년 아시아 통화 위기, 2008년 세계 금융 위기, 2011년 대홍수(홍수가 장기화되면서 생산 체계가 기능을 하지 못해 자동차 생산 대수가 급격히 감소함)를 겪지만, 2015년 약 192만 대에 이르는 자동차를 생산했습니다.

2011년 11월의 대홍수 당시 일본계 자동차 기업은 태국 주변국에서 대체 생산하는 대신, 조업을 중지하고 종업원의 고용을 보장함으로써 후일 빠르게 조업을 재개할 수 있었습니다. 이는 일본계 자동차 기업의 중요한 생산 거점(생산 허브)이 태국임을 증명하는 사례라고 하겠습니다.

멕시코 – 미국에 특화된 자동차 생산

멕시코는 부자가 많은 미국을 대상으로 하는 자동차 생산 거점으로, 1980년 무렵부터 자동차 산업이 활발해졌습니다. 1994년 북미자유무역협정(나프타, NAFTA : North American Free Trade Agreement)이 발효된 뒤, 미국과 일본 자동차 기업이 멕시코로 활발하게 진출하면서 생산 대수가 크게 증가했습니다. 2013년에는 생산 대수 305만 5천 대 중 242만 3천 대를 수출했습니다. 총 생산 대수 중 수출이 차지하는 비율이 79.3%였지요.

외국 자동차 기업이 멕시코에 적극적으로 진출하게 된 이유로는 다음 세 가지를 꼽을 수 있습니다.

첫째, 멕시코는 미국, 일본, 독일에 비해 임금 수준이 낮은데다 인구는 1억 2,700만 명으로 많아서 싼값으로 풍부한 노동력을 확보할 수 있습니다. 이것은 생산 거점을 옮길 때 매우 중요한 요인으로 작용하게 됩니다. 멕시코의 임금은 지난 25년간 거의 오르지 않았습니다. 멕시코는 미국만큼 노동조합이 강력하지 않고, 이는 임금 상승을 억제하는 결과를 낳습니다.

둘째, 미국과 물리적 거리가 가까울 뿐만 아니라 육로로 연결되어 있어서 지리적으로 매우 유리합니다. 캐나다와 달리 멕시코는 아메리카 대륙의 중앙에 위치하여 미국뿐 아니라 중남미 여러 국가로의 수출도 용이합니다. 또한 태평양과 대서양(구체적으로는 멕시코만)에 면해 있어서 아시아 시장이나 유럽 시장으로의 진출도 수월합니다. 태평양의 라사로 카르데나스항, 대서양의 베라크루스항은 멕시코의 자동차 수출 기지입니다. 이처럼 지리적 특성이 유리하게 작용합니다.

셋째, 멕시코는 45개국 이상의 국가(EU 포함)와 FTA를 체결하고 있습니다. 멕시코는 1982년의 채무 위기를 교훈 삼아 시장 개방을 서둘렀고 지금은 세계 각국의 자동차 시장에 언제라도 진출할 수 있는 태세를 갖추었습니다. 일본 자동차 기업이 일본에서 자동차를 만들어 미국에 수출하면 그에 따른 관세가 부과되지만, 멕시코에서 만들어 미국에 수출하면 관세가 부과되지 않습니다. 이 사실만 봐도 멕시코의 자동차 수출이 활발한 이유를 알 수 있지요. 그러나 앞으로 계속 수출이 늘고, 생산 대수가 증가하면 사회 간접 자본의 정비와 확충이 해결 과제로 떠오를 것입니다.

한편 중국, 인도, 브라질이 부상하면서 아시아 시장과 남미 시장에 대한 우위를 뺏길 가능성도 있습니다. 미국 시장에만 의존하면 언젠가 한계에 부딪치게 될 것입니다. 결국 멕시코 자동차 산업이 성장하기 위한 열쇠는 국내 시장에 있습니다. 앞으로 멕시코 국내에서 자동차 구매층이 늘어나면 인구가 많은 만큼 매력적인 시장으로 성장할 가능성이 큽니다. 고급차 시장이 형성된다면 앞으로 멕시코 국내 시장이 성장할 하나의 요인으로 작용할 수 있습니다.

인도, 태국, 멕시코의 자동차 생산 시스템

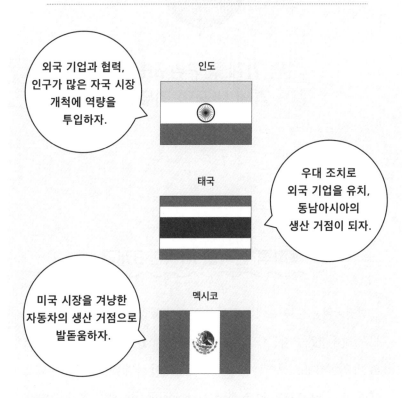

각국은 지리적 특성을 최대한 살린
생산 시스템을 채택하고 있다!

1위 기계류, 2위 자동차
– 경제 대국의 키워드

독자적 전략을 채택한 3개국

선진국의 수출 통계에는 하나의 특징이 있습니다. 수출 품목의 1위는 기계류, 2위는 자동차인 나라가 많다는 것입니다. 수출 통계에서 이와 비슷한 경향을 보이는 30개국을 선별해서 무역액이 많은 순서대로 보면 미국, 독일, 일본, 영국, 한국, 이탈리아, 멕시코, 태국, 폴란드, 터키, 오스트리아, 체코의 12개국이 됩니다(2014년 통계). 앞에서도 미국계, 일본계 자동차 기업의 멕시코 현지 공장 진출에 대해 언급했는데, 이는 같은 맥락입니다.

그렇다면 수출 통계가 '1위 기계류, 2위 자동차'가 아닌 선진국은 어

'1위 기계류, 2위 자동차'의 의미

⬤ 선진국(=선진 공업국)의 산업 구조

수입 → 선진국 → 수출

자원을 수입하여 부가가치를 더한

기계류와 자동차를 수출

디일까요? 그 대답은 77페이지 도표를 보면 상세하게 확인할 수 있습니다. 여기서는 그 중 중국, 프랑스, 인도의 경제 전략을 살펴보겠습니다.

중국 – 의류 생산의 최적지

중국의 수출 품목은 1위가 기계류, 2위는 의류입니다. 의류라고 해도 이탈리아가 수출하는 브랜드 의류(이탈리아 수출 품목 중 4위가 의류)는 아니고, 비교적 싼값에 구할 수 있는 것을 말합니다. 의류 산업은 노동집약형 산업 중 하나로 많은 노동력을 필요로 하므로, 당연히 인건비가 저

렴한 편이 좋습니다. 의류 산업은 저렴한 노동력 지향형의 산업이라 할
수 있습니다.

중국은 면화 생산량이 세계 최대로, 원재료를 현지에서 조달할 수 있
습니다. '사람이 있고! 원재료(면화)도 있다!' 이것이 바로 중국의 면사와
면직물 생산량이 세계 최대인 이유입니다.

한편 중국은 세계적인 생산 거점이다 보니 국내에서 생산하는 면화
만으로는 수요를 충당할 수 없기 때문에 세계 최대의 면화 생산국임에
도 불구하고 동시에 세계 최대의 면화 수입국입니다. 전 세계 면화 수
입량의 52.5%를 중국이 가져갑니다.

마침 이 원고를 쓰고 있는 중에 필자가 입은 옷의 태그를 살펴보니
'made in PRC'라고 적혀 있네요. PRC는 'People's Republic of China'
의 약자입니다. 요즘은 'made in china'라고 표기하지 않는 경우도 있
습니다.

프랑스 - 무역 적자국

세계에서 가장 유명한 대형 제트기 생산 기업은 보잉과 에어버스입
니다. 이전의 대형 제트기 시장에서는 미국의 보잉이 압도적 점유율을
차지했지만, 여기에 유럽이 뛰어들면서 1970년에 프랑스와 당시의 서
독이 공동 출자한 에어버스가 창립되었습니다. 나중에 영국, 스페인도
참여하면서 4개국 합작사가 됩니다. 에어버스의 본사는 프랑스 남부의

툴루즈에 있습니다. 프랑스에는 르노라는 세계적인 자동차 회사가 있지만, 수출액을 따지면 자동차보다 항공기가 차지하는 비중이 더 큽니다(수출 3위가 자동차).

프랑스는 수입 초과로 인한 무역 적자국으로, 무역 적자의 대부분이 EU 역내에서 발생합니다. 비행기의 생산 과정을 살펴보면 그 이유를 알 수 있습니다. 비행기는 수백만 개의 부품으로 제조됩니다. 철저한 안전성을 위해 고도의 기술이 필요하고, 기술 개발에 많은 돈이 들어갑니다. 투자액을 회수할 때까지 시간도 무척 많이 걸리지요. 경영상 리스크가 대단히 크기 때문에 한 기업이 단독으로 뛰어들지 않습니다. 비행기의 개발, 제조에는 많은 기업이 참여합니다.

에어버스는 EU의 각국에서 생산한 비행기 부품을 모두 프랑스로 가져와 조립하고 있습니다. 이처럼 프랑스는 비행기 부품을 많이 수입하는 나라이므로, 비행기 수출이 아무리 호조를 띠어도 EU 내 무역에서는 오히려 적자가 발생하게 됩니다.

인도 – 석유제품과 다이아몬드의 나라

최근 인도에서는 모터리제이션(motorization: 자동차가 널리 보급되어 생활 필수품이 되는 현상)이 현저하게 나타나고 있습니다. 중류층이 부상하면서 자동차 수요가 증가했기 때문이지요. 또한 2014년 9월, 인도 총리인 나렌드라 모디가 GDP에서 제조업이 차지하는 비율을 2022년까지 25%

로 끌어올리겠다는 정책(2013년까지는 15%), 다시 말해 'Make in India(물건 제조는 인도에서!)'를 발표함으로써 제조업 분야의 경유 수요가 크게 증가할 것으로 예상하고 있습니다.

인도의 수입 품목 중 1위는 원유입니다. 그만큼 수요가 많습니다. 원유의 수입 의존도는 85%(2015년)로, 국내에서는 비축 설비를 건설하고 있습니다. 중동의 산유국과 물리적 거리가 가까워 원유 수입이 용이한 까닭에 원유를 원료로 한 석유 정제 산업도 발달하여 인도 수출 품목 중 1위를 차지하고 있습니다.

또한 인도는 '다이아몬드의 나라'로도 유명합니다. 인도 각지에 흐르는 하천에서는 예전부터 딱딱한 돌이 발견되었습니다. 이 딱딱한 돌, 즉 다이아몬드는 '인도의 돌'이라고도 불렸습니다. 원석(原石) 그대로는 그저 딱딱할 뿐이어서 아름답지 않았습니다. 다이아몬드 원석을 가공하는 방법이 벨기에에서 발명되었고, 그러고 나서야 다이아몬드는 보석으로서 가치를 지니게 되었지요.

로마 제국의 탄압으로 유랑민이 된 유대인은 가볍고 작아서 휴대하기 좋은 고가의 물건을 선호했습니다. 다이아몬드는 그 목적에 완벽히 부합하는 아이템이었습니다. 여전히 다이아몬드의 유통에는 유대인이 크게 관여하고 있습니다. 다이아몬드의 채굴, 가공, 유통 분야에서 세계적인 명성을 누리고 있는 드비어스(De Beers)도 유대인이 설립한 기업입니다. 덧붙이면 이스라엘의 수출 품목 1위도 다이아몬드(29,8%, 2014년)입니다.

무역 규모가 큰 30개국의 수출 통계

'수출 품목 중 1위가 기계류, 2위가 자동차'인 나라

2. 미국 3. 독일 4. 일본 6. 영국 7. 한국 10. 이탈리아 13. 멕시코 23. 태국
25. 폴란드 27. 터키 29. 오스트리아 30. 체코

'수출 품목 중 1위가 기계류, 2위가 자동차'가 아닌 나라

1. 중국/1위 기계류, 2위 의류 5. 프랑스/1위 기계류, 2위 항공기 8. 네덜란드/1위 기계류, 2위 석유제품
9. 홍콩/1위 기계류, 2위 금(비화폐용) 11. 캐나다/1위 원유, 2위 자동차 12. 벨기에/1위 의약품, 2위 기계류
14. 러시아/1위 원유, 2위 석유제품 15. 인도/1위 석유제품, 2위 다이아몬드
16. 싱가포르/1위 기계류, 2위 석유제품 17. 스페인/1위 자동차, 2위 기계류
18. 아랍에미리트(UAE)/1위 원유, 2위 금(비화폐용) 19. 대만/1위 전기제품, 2위 원자로와 보일러
20. 사우디아라비아/1위 원유, 2위 석유제품 21. 오스트레일리아/1위 철광석, 2위 석탄
22. 브라질/1위 철광석, 2위 콩 24. 말레이시아/1위 기계류, 2위 액화천연가스(LNG)
26. 스위스/1위 의약품, 2위 기계류 28. 인도네시아/1위 석탄, 2위 기계류

인도는 다이아몬드 산출량이 이전처럼 많지는 않지만 여전히 가공, 유통, 판매 분야에서 세계적인 집산지로 유명`합니다. 인도 수출 품목의 2위를 다이아몬드가 차지하고 있지요.

북반구의 주요 거점, 앵커리지 공항

냉전과 화물 수송의 변천

오른쪽 페이지의 위쪽 지도는 정거방위도법*으로 그린 것으로, 여기서는 도쿄가 중심에 위치하고 있습니다. 정거방위도법은 중심으로부터 임의의 점까지의 거리와 방위를 정확하게 묘사한 지도입니다.

지구는 적도 길이 약 4만 75km, 자오선의 둘레 약 4만 8km로, 남북으로 약간 찌그러진 회전타원체입니다. 완전하지는 않지만 거의 구체에 가까워 지구의 단면도는 기본적으로 원형입니다. 임의로 설정한 단면

---

* 지도의 중심에서 세계 각지에 이르는 최단 경로와 그 거리 및 방위각을 알 수 있는 도법이다.

지 구 를 보 는 두 가 지 방 식

● 평면으로 보는 법

> 정거방위도법

중심으로부터 임의의
점까지의 거리와 방위가
정확한 도법

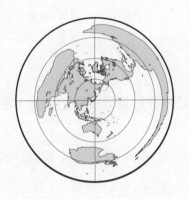

● 입체로 보는 법

> 대원과 소원

원주는 4만㎞
모든 경선과 적도는 대원
적도 이외의 모든 위선은 소원

※ 지구는 완전한 구체가 아닌
남북이 약간 찌그러진 회전타원체

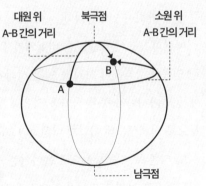

대원 위
A-B 간의 거리   북극점   소원 위
                            A-B 간의 거리

B
A

남극점

도의 원주가 4만km인 것을 대원(大圓), 4만km 미만은 소원(小圓)이라고 합니다. 79페이지 아래 그림에서 A-B 간의 거리는 소원을 지날 때보다 대원을 지날 때 더 짧습니다.

도쿄를 중심으로 그려진 정거방위도법으로 보면 도쿄를 출발해서 최단 거리로 유럽까지 가려면 러시아 상공을 통과하는 게 바람직하다는 것을 알 수 있습니다.

냉전 시대, 경유지로 번영을 누린 앵커리지 국제공항

1983년 9월 소련의 영공을 침범한 대한항공(KAL) 여객기가 소련 전투기의 공격을 받아 추락한 사건이 발생했습니다. 당시는 한참 냉전 중이라 자유주의 국가의 항공기가 공산주의 국가의 영공에 들어가는 데는 많은 제한이 있었습니다.

예컨대 도쿄에서 출발한 비행기가 유럽까지 최단 거리로 가려면 소련 영공을 통과해야 하지만, 냉전 시대에는 거의 불가능했습니다. 때문에 동남아시아나 중동 국가를 경유해 남쪽으로 돌아서 유럽으로 가는 루트를 선택했는데 이렇게 비행하면 20시간이 걸렸습니다.

또 다른 루트는 북쪽으로 돌아가는 항로(북극 항로)였습니다. 정거방위도법으로 보면 도쿄에서 알래스카로 향한 후, 거기서 북극해 상공을 통과해서 유럽으로 가는 루트를 택할 수 있다는 것을 알 수 있습니다. 하지만 냉전 시대에 주로 사용되던 기종인 더글러스 DC-7C나 록히드

컨스텔레이션은 북극 항로를 논스톱으로 비행할 만한 항속거리*를 갖추지 못했지요. 그래서 알래스카의 앵커리지 공항에 들러 급유한 후 유럽으로 향할 필요가 있었습니다.

일본에서 출발한 많은 여객기가 앵커리지 공항에 기항했고, 여객기의 급유 시간을 이용해 많은 일본인들이 공항 내에서 물건을 사거나 식사를 했지요. 앵커리지 공항 내에는 우동집과 초밥집이 생겼습니다. 이처럼 앵커리지 공항은 북극 항로의 중간 기착지로서 중요 거점이 되었습니다.

냉전 이후, 운항 편수는 줄었지만

1970년대 일본과 소련 간의 교섭이 빈번해지면서 앵커리지 공항을 경유하지 않고 소련 영공을 통과해 유럽으로 가는 시베리안 루트가 개설되었습니다. 또한 도쿄와 뉴욕 간의 무착륙 비행이 가능한 보잉 747-SP가 취항함으로써 앵커리지 공항을 경유할 필요 없이 직항할 수 있는 노선도 등장했습니다. 1980년대에 비행기 성능이 비약적으로 발전하여 장거리 비행이 가능한 기종이 등장하게 되면서 앵커리지 공항에 기항하는 비행기 편수가 점점 감소하게 됩니다.

1989년 몰타 회담에서 미·소 정상은 냉전을 종식하기로 합의했습니

---

* 항공기나 선박이 한 번 실은 연료만으로 계속 항행할 수 있는 최대 거리를 말한다.

다. 그리고 소련은 자국 영공을 통과하는 여객기의 통행료를 징수할 목적으로 시베리안 루트의 이용 제한을 완화합니다. 그 후 소련은 러시아로 바뀌고, 러시아는 이를 이어 받아 시베리안 루트의 이용을 허용했습니다. 이리하여 일본항공(JAL)은 앵커리지 공항을 경유하는 북극 항로를 폐지합니다.

북반구의 모든 도시를 최단 시간에 연결

북반구의 모든 도시와 최단 거리인 지점은 어디일까요? 바로 북극점입니다. 정거방위도법으로 확인하면 이를 한눈에 알 수 있습니다. 정거방위도법은 실로 사용하기 편리한 도법이지요. 으레 지도책의 첫 페이지에 나오는 도법은 메르카토르도법을 개량한 밀러도법입니다. 그런데 밀러도법으로는 이와 같은 사실을 이해하기 어렵습니다. 지도는 그 목적에 따라 사용 방법이 달라지지요.

앵커리지 공항이 있는 앵커리지는 북극점에 매우 가깝습니다. 조금 과장하면 앵커리지에서 출발한 비행기는 북반구의 모든 도시를 최단 시간에 갈 수 있습니다. 그런 이유로 앵커리지는 여객기 편수가 감소하자, 24시간 풀가동하는 화물 수송기 이착륙 기지로 변신했습니다. 화물 기지를 건설하는 데 필요한 거대한 부지를 싼값에 이용할 수 있다는 점도 큰 장점으로 한몫했습니다. 이는 바로 자연이 앵커리지에 부여한 토대라고 할 수 있습니다.

게다가 최단 시간에 수송이 가능하므로 급유량이 적어도 되고, 그만큼 화물의 적재량을 늘릴 수 있습니다. 대량 수송은 수송 비용을 낮추는 효과가 있습니다. 요즘 세계적인 산업 구조의 변화로 소형-경량의 고부가가치 제품이나 육류, 어패류와 같이 신선도를 유지해야 하는 화물이 늘어났습니다. 이 또한 비행기 수송의 수요가 많아진 요인 중 하나입니다. 지금 앵커리지 공항은 화물 수송의 허브 공항으로서 자리매김하기 위해 온 힘을 쏟고 있습니다.

카스피해(海) 원유 파이프라인의 최종 선택

지리적 이점으로 얻은 부산물

러시아와 터키 사이에 위치한 조지아(Georgia) 공화국. 이 나라는 예전에 그루지야 공화국으로 불리었으나 2009년 3월, 국명을 조지아로 변경했습니다. 조지아는 캅카스(코카서스) 산맥의 남쪽 기슭에 위치한 나라로 수도는 트빌리시입니다. 트빌리시는 아제르바이잔의 수도 바쿠와 인접해 있는데, 두 곳 사이에는 석유 파이프라인이 연결되어 있습니다. 이 파이프라인은 터키의 제이한까지 이어지므로 장거리에 걸쳐 석유를 수송할 수 있습니다.

파이프라인은 석유를 수송하기 위해 설치한 동관을 말합니다. 일반

왜, 일부러 멀리 돌아갈까?

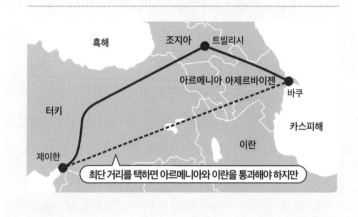

적으로 유전에서 정유소, 선적항, 소비지까지 한 번에 연결됩니다. 초기
건설 비용은 많이 들지만 한 번 설치하기만 하면 저비용으로 장거리,
대용량 수송이 가능하다는 점이 파이프라인 수송의 가장 큰 장점입니
다. 반면에 단점도 있습니다. 보내는 곳과 받는 곳이 고정된다는 점(새로
개척하려면 파이프라인을 다시 설치해야 함), 설치 길이가 수백km에 이르러 관
리가 어렵다는 점 그리고 테러의 표적이 되기 쉽다는 점 등 애로 사항
도 많습니다.

여기서 잠깐 위의 지도를 한번 볼까요? 바쿠에서 제이한까지 최단
거리를 이어 보면 조지아를 통과하지 않습니다. 그렇다면 왜 파이프라
인은 일부러 멀리 돌아서 조지아를 경유하며 설치되어 있을까요?

카스피해의 원유·가스를 유럽으로 수송

카스피해 주변에는 매장량이 풍부한 유전과 가스전이 있습니다. 하지만 카스피해는 내륙 호수인데다 선적항이 있는 연안 지역과 멀리 떨어져 있어서 유럽까지의 수송이 결코 쉽지 않습니다.

1991년 소련 붕괴 이후 각국은 새로운 파이프라인의 건설을 모색하게 됩니다. 1992년 터키는 자국을 통과하는 파이프라인 건설을 제안합니다. 85페이지 지도를 보면 바쿠에서 출발한 파이프라인이 터키로 가려면 조지아, 아르메니아, 이란 중 반드시 어느 한 나라를 통과해야 한다는 것을 알 수 있습니다. 하지만 당시 이란은 서유럽 국가들과 미국으로부터 경제 제재를 받고 있었습니다. 따라서 이란을 통과하는 파이프라인의 건설은 불가능했습니다. 또한 터키는 아르메니아와 그다지 좋은 관계를 맺고 있지 못했습니다. 과거에 오스만 제국(터키의 전신)에서 아르메니아인을 대량 학살한 사건이 있었으니까요. 아르메니아는 오스만 제국의 계획적인 범행이라고 주장했지만, 터키는 결코 인정하지 않았습니다. 이렇듯 두 나라의 정치적 관계는 우호적이 아닙니다.

결국 조지아가 유일한 선택지로 남게 됩니다.

복잡한 종교 대립도 문제

아제르바이잔도 아르메니아와 종교적 갈등이 있습니다. 오른쪽 페이지의 지도를 보면, 아제르바이잔 국민의 대부분은 이슬람교(시아파가 다수)를, 아르메니아 국민 대부분은 기독교(동방정교)를 믿고 있음을 알 수 있습니다. 또한 아제르바이잔의 영토에 속하지만 실제로는 아르메니아에 귀속된 나고르노-카라바흐를 둘러싸고 두 나라 사이에는 긴장 상태가 계속되고 있습니다.

나고르노-카라바흐는 소련 시절 아제르바이잔에 귀속되는 대신 아르메니아의 민족 자치주로 존속했습니다. 그러나 1980년대 후반부터 영토 문제가 다시 제기되고 아르메니아는 이 지역을 자국에 편입시켜야 한다고 주장했습니다. 이를 저지하려고 아제르바이잔도 행동을 개시하면서 양국은 군사적 충돌을 피할 수 없었습니다. 당시 소련의 고르

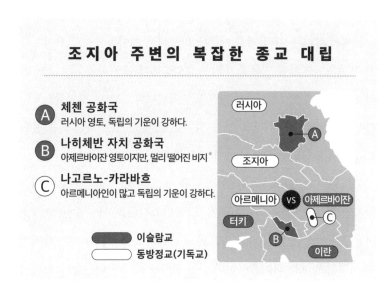

조지아 주변의 복잡한 종교 대립

Ⓐ **체첸 공화국**
러시아 영토, 독립의 기운이 강하다.

Ⓑ **나히체반 자치 공화국**
아제르바이잔 영토이지만, 멀리 떨어진 비지*

Ⓒ **나고르노-카라바흐**
아르메니아인이 많고 독립의 기운이 강하다.

이슬람교
동방정교(기독교)

러시아
조지아
아르메니아 vs 아제르바이잔
터키
이란

* 飛地, 본국과는 멀리 떨어져 다른 나라의 영토 안에 있는 땅이다.

바초프가 나고르노-카라바흐의 아르메니아 편입을 인정하지 않는다는 성명을 발표했고, 이 또한 아르메니아가 강경한 태도를 가지게 된 계기가 되었습니다. 소련의 입장에서는 연방 영토에서 민족 독립의 목소리가 커질 것을 염려한 것이었지요.

1988년 12월 아르메니아에서 발생한 지진으로 2만 명 넘는 사람들이 사망하고 40만 명 이상이 피해를 입었습니다. 하지만 아르메니아는 아제르바이잔에서 보내 준 구호물자를 대부분 버렸다고 합니다. 이 사건은 양국 관계가 더욱 악화되는 계기가 되었습니다.

조지아, 지리적 이점의 이면

위에서 살펴본 여러 배경 때문에 바쿠에서 제이한까지의 파이프라인 건설은 조지아를 경유할 수밖에 없었습니다. 조지아를 경유하면 거리 면에서 손실이 크고 건설 비용도 늘어납니다. 그러나 정치적으로는 가장 안정적인 선택이라고 할 수 있지요. 그 결과, 조지아는 원유 통행료라는 새로운 외화 획득 수단이 생겼습니다.

코스트를 최소화해야 최대의 이익을 챙길 수 있습니다. 독일의 지리학자인 알프레드 베버는 그의 저서 『공업입지론』에서 수송비를 최소 비용으로 낮추는 것이 가장 중요한 조건이라고 역설했습니다. 하지만 이 지역의 정세는 파이프라인의 건설 방향을 바꾸어 버렸습니다. 파이프라인의 건설은 2003년에 시작되어 2005년에 완성되었고, 바쿠, 트빌리시, 제이한의 머리글자를 따서 BTC 파이프라인이라고 부릅니다. 총 길이는 1,768km, 1일 원유 수송 능력은 120만 배럴(1배럴은 약 159l)입니다. 2006년 6월 4일 제이한에서 첫 번째 선박이 출항한 뒤 2013년 말까지 2억 3,300만 톤의 원유가 출하되었습니다.

그러나 파이프라인 부설을 통한 경제 성장이 그다지 순탄하지는 않은 것 같습니다. 조지아는 남(南)오세티야와 압하지야의 분리 독립 문제에 직면해 있고, 터키도 쿠르드족 독립 문제 등에 휘말리고 있기 때문입니다. BTC 파이프라인의 치안 문제는 여러 가지 이유에서 녹록치 않습니다.

중국
국토가 광활하고, 다양한 광물
자원이 풍부한 자원 대국

오스트레일리아
철광석, 석탄, 천연가스가 풍부한
자원 대국

- 제2장 -

자원

●

자원 대국은
목소리가 크다

기아나고지

아마존강

브라질고원

브라질
철광석, 보크사이트, 수자원이 풍부한
자원 대국

제2장에 나오는 주요 국가

중국, 오스트레일리아, 브라질, 남아프리카공화국, 러시아, 노르웨이, 보츠와나

일본 – 수돗물을 마실 수 있는 나라,
어쩌면 자원 대국?

21세기는 물의 세기

사람들이 모여 살기 위해 가장 중요한 조건은 물을 확보할 수 있는지의 여부라고 할 수 있습니다. 지구상에는 약 14억*km²*의 물이 존재하는데 그 중 97.5%가 바닷물(海水)입니다. 나머지는 육수(陸水 : 육지에 존재하는 물) 2.5%와 약간의 수증기입니다. 2.5%의 육수를 세분하면 빙설·빙하 68.7%, 지하수 30.1%, 지표수 1.2%로 분류할 수 있습니다.

빙설·빙하의 대부분은 남극과 그린란드에 존재하여 생활용수로는 이용할 수 없습니다. 참고로 그린란드는 덴마크 영토입니다. 지하수는 자유지하수*, 피압지하수**, 주수***로 분류합니다. 모두 생활용수로 이용

가능하지만 땅을 파야 한다는 어려움이 있습니다. 나머지 1.2%의 지표수는 하천수(강과 시내의 물), 호소수(늪과 호수의 물), 토양수(토양 속에 함유되어 있는 물)로 다시 나뉘는데 그 가운데 생활용수로 이용하는 것은 주로 하천수입니다.

'한 방울의 물'을 모든 생물이 나눠 쓴다

하천수는 육수 중 차지하는 비중이 0.006%에 불과합니다. 이 수치를 근거로 하천수의 양을 계산해 보면 '14억km^3×2.5%×0.006%=2,100km^3'가 됩니다. 수치가 너무 크니까 지구를 반지름 64cm의 지구본으로 가정해 보지요. 실제 지구의 적도 반지름은 6,378km이니까 14억km^3의 물은 반지름 64cm의 지구본상에서는 1,400ml가 됩니다[지구의 부피를 구하는 식은 $\frac{4}{3}\pi r^3$(r은 반지름)이므로, 계산식은 $\frac{4}{3}\pi(6400)^3$: 14억km^3=$\frac{4}{3}\pi(0.00064)^3$: X가 됨]. 같은 방법으로, 하천수 2,100km^3는 지구본상에서 0.0021ml가 됩니다. 이는 물 한 방울도 채 되지 않는 양입니다. 그러나 이 한 방울의 물을 지구상의 모든 육상 생물이 나눠 쓰면서 살아갑니다.

오늘날 전 세계에서 약 7억 명의 인구가 물 부족에 시달리고 있습니다. 물 부족은 식량 생산을 어렵게 하므로, 자연히 식량 부족으로 연결

* 　지표에 가장 가까운 불투수층(물이 잘 스며들기 어려운 층)과 지표 사이에 있는 지하수
** 　자유지하수보다 아래에 있으며, 물이 잘 스며들기 어려운 불투수층 사이에 있는 투수층(물이 스며들기 쉬운 층)에 괴어 있는 지하수
*** 하천의 퇴적물로 된 토지의 점토층에 고여 있는 지하수

됩니다. 20세기는 자동차, 항공기의 등장과 함께 석유를 둘러싼 분쟁이 끊이지 않았습니다. 그야말로 '석유의 세기(世紀)'였지요. 그러나 21세기는 '물의 세기'입니다.

전 세계의 큰 하천에서는 상류 지역의 물 수요가 많아지면서 하류 지역에는 물이 고갈되는 현상이 나타나 물의 이용을 둘러싸고 끊임없이 분쟁이 일어나고 있습니다. 특히 개발도상국의 공업화, 생활 수준의 향상은 물 수요를 끌어올리고 있습니다. 앞으로는 물 부족 지역이 더욱 늘어날 것입니다. 건조 지역에서는 바닷물을 담수화(바닷물의 염분을 제거하여 음용수 및 생활용수를 만들어 내는 과정)하는 사례가 증가하고 있습니다. 그렇다고 해도 반드시 물이 풍부해지는 것도 아니고 안심하고 마실 수 있는 물이 보장되는 것도 아닙니다.

수돗물을 마실 수 있는 나라는 겨우 15개국뿐

이견이 있을 수 있지만 국토 전체를 통틀어 안심하고 수돗물을 마실 수 있는 나라는 전 세계에서 15개국밖에 없다는 것이 정설입니다. 핀란드, 스웨덴, 아이슬란드, 아일랜드, 독일, 오스트리아, 스위스, 크로아티아, 슬로베니아, 아랍에미리트, 남아공, 모잠비크, 오스트레일리아, 뉴질랜드, 일본이 그들이지요.

일본은 유라시아 대륙의 동쪽에 위치하기 때문에 편서풍의 영향은 작게, 그러나 몬순 기후의 영향은 크게 받는 나라입니다. 때문에 연간 강수량이 세계 평균의 2배 이상이나 될 만큼 많습니다. 또한 섬나라이기에 수자원을 둘러싼 이웃 나라와의 분쟁이 존재하지 않지요. 일본은 수자원이 풍부한 나라입니다. 그래서 일본인은 당연히 '물과 안전은 공짜'라고 생각합니다. 그러나 세계의 많은 나라들은 그렇지 않지요. 일본인은 자연이 부여해 준 토대에 감사해야 마땅합니다. 혹시 한 병의 물이 석유보다 비싼 날이 올 수도 있으니까요.

산유국, 사우디아라비아의 고민

중동 국가, 사우디아라비아의 연간 강수량은 59mm밖에 되지 않습니다. 사막 기후이기 때문에 땅을 한참 파고 들어가야 나오는 대수층(지하수가 있는 층으로, 견고한 암반층인 불투수층이 좁아서 물이 포화되어 있는 지층)까지 파서 물을 이용합니다. 그렇게 어렵게 얻은 물을 이용해 생산한 곡물로 자급자족까지 가능하게 되었습니다.

그러나 자급자족 이후 20년간 대수층이 지속적으로 고갈되고 있습니다. 따라서 사우디아라비아의 곡물 생산량은 매년 감소하고 있습니다. 곡물의 자급자족이 주춤하면서 곡물의 수입량은 증가하고 있지요. 이런 배경으로 사우디아라비아는 담수화 기술의 이용을 확대하고 있습니다. 곡물을 해외에 의존하는 사우디아라비아가 석유 가격을 올려 눈앞의 이익에 몰두하다 보면, 곡물의 금수 조치라는 카운터펀치를 얻어맞을 가능성도 없지 않습니다.

자원 전쟁!
중국 vs 오스트레일리아&브라질

철광석을 둘러싼 격렬한 싸움

중국은 국토 면적이 세계 4위일 만큼 넓고, 광물 자원 매장량도 풍부한 나라입니다. 그 중에서 특히 산출량이 많은 것은 철광석, 보크사이트, 금, 은, 동, 아연, 납, 주석 등 금속 자원이고, 그 다음이 원유, 석탄 같은 에너지 자원입니다. 지금 중국의 경제 성장은 세계의 이목을 끌고 있습니다. 하지만 순풍에 돛단배라고 하기는 어려움이 있어 보입니다. '산업의 쌀'이라는 철강의 원료인 철광석을 예로 들어 보지요.

철강업은 제철 부문, 제강 부문, 압연 부문의 산업을 총칭하는 것입니다. 제철 부문은 철광석을 녹여 선철(銑鐵)을 제조하는 과정으로, 선철은 탄소 함유량이 많고 불순물이 많아서 부러지기 쉬우며 가공성이 취약한 특징이 있습니다. 제강 부문은 이러한 선철에서 탄소를 제거해서 강도가 높고 가공성이 뛰어난 철강을 만드는 과정입니다. 이 과정에서 선철을 제강로(강철을 만드는 용광로)에서 가공하여 만든 최초의 철강을 조강(粗鋼)이라고 부르는데, 철강업계에서는 주로 조강 생산량을 기준으로 철강 생산량을 계산합니다. 그리고 압연 부문은 철강에 강한 압력을 가해 강판이나 강관 같은 강재(鋼材)로 가공하는 것입니다.

중국은 국내의 풍부한 자원을 활용하여 철강업을 발달시켰습니다. 안산(鞍山), 바오토우(包頭), 우한(武漢)은 중국의 3대 철강 콤비나트를 형성하고 있습니다. 이 세 곳은 원료입지형*으로 발전했습니다. 그러다가 1970년대 후반 해외 자원에 의존한 항만입지형 철강업이 발달하기 시작했습니다. 98페이지 그래프를 보면 중국의 고도성장이 시작된 2000년부터 조강 생산량이 증가하기 시작해 2003년에는 일본을 제치고 세계 최대 조강 생산국이 되었습니다. 2015년에 이르면 2000년에 비해 무려 6.3배나 많은 수치를 기록하게 됩니다.

이처럼 국내 철광석 자원이 풍부한데도, 중국은 상당량의 철광석을 수입하고 있습니다. 2015년에 최대의 수입량을 기록했는데, 그 대부분이 브라질과 오스트레일리아로부터 수입한 것이었습니다. 98페이지 그래프를 보면 최대 수입량을 기록한 2015년의 수입액은 오히려 전년의

---

* 원료의 무게와 부피가 제품의 무게와 부피보다 뚜렷하게 클 경우 원료 수송비가 제품 수송비보다 크므로 수송비를 줄이기 위해 원료 산지 가까운 곳에 공장을 세우는 것을 말한다.

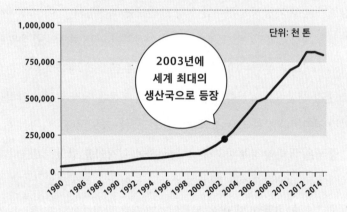

중국의 조강 생산량

중국의 철광석 수입액

61.9%에 불과합니다. 이는 국제 철광석 가격이 계속 떨어지고 있기 때문입니다. 여기서 두 가지 의문이 떠오릅니다.

① 중국은 생산 대국임에도 불구하고 왜 철광석을 수입할까?
② 철광석의 가격 하락은 왜 일어났을까?

이 두 가지 수수께끼를 푸는 키워드는 바로 철광석을 매개로 한 자원 전쟁입니다.

철광석은 선물 시장이 존재하지 않기 때문에 최대 구매자인 중국과 철광석 채굴업자 간의 교섭에 의해 가격이 결정됩니다. 2013년에는 철광석의 국제 가격이 하락했습니다. 철광석 제1수입국인 중국의 경제 성장에 빨간불이 켜졌기 때문입니다. 중국 국내의 철광석 수입이 줄어들면서 세계적으로 철광석이 남아돌았습니다. 그러면 중국 국내에서 산출되는 철광석 가격은 상대적으로 높아지게 됩니다.

여기서 문제가 되는 것은 중국산 철광석의 철 함유량입니다. 중국산 철광석의 생산량은 4억 3,500만 톤(2013년)인데, 채굴량을 기준으로 하면 14억 5천만 톤으로 올라갑니다. 이는 철 함유량이 낮기 때문이지요. 그 비율이 불과 30%밖에 되지 않습니다.

그러다 보니 방대한 규모의 철광석을 채굴해야 하고, 채굴 비용도 높아집니다. 게다가 철광석이 남아돌면 국내 광산의 수지 타산이 악화됩니다. 결국 국내산 철광석의 이용이 점점 줄어들고 외국산 철광석에 의존하게 됩니다. 제12차 5개년 계획(2011~2015년)에 해외 철광산에서 1억 톤 확보라는 내용이 들어가 있을 정도입니다.

중국의 조강 생산량은 2014년 5월을 정점으로 하여 14개월 연속 전월을 밑돌고 있습니다. 경기 하강이 뚜렷해지면서 조강 생산량은 결국 34년 만에 전년 수준을 하회하였습니다. 국내에서는 철광석이 남아돌지만, 세계적으로는 철광석의 증산이 계속 이어지고 있는 실정이지요.

중국을 견제하는 오스트레일리아와 브라질

오스트레일리아의 BHP빌리턴과 리오틴토(Rio Tinto), 브라질의 발레(Vale) 이상 3사는 세계 철광석의 60%에 이르는 양을 생산하는 굴지의 기업입니다. 오스트레일리아와 브라질의 철광석은 중국과는 달리 철 함유량이 무척 높습니다. 오스트레일리아는 채굴량 6억 900만 톤에 대해 3억 7,700만 톤(61.9%), 브라질은 채굴량 3억 8,627만 톤에 대해 2억 4,567만 톤(63.6%)의 철광석을 생산합니다. 따라서 중국에 비해 채굴 비용이 낮습니다.

여기에 오스트레일리아와 브라질이 철광석 생산량을 계속 늘리는 이유가 있습니다. 철광석 가격의 하락이라는 리스크를 감수하며 증산을 통해 점유율을 증대시키면 과점(寡占)할 수 있는 길이 열립니다. 가격 경쟁 속에서 체력이 달리는 기업은 버틸 수 없지요. 마찬가지로 철광석 업계도 생산성이 낮은 기업은 도산할 처지에 내몰리게 됩니다. 그런 가운데 과점 체제가 진행되면 장래의 가격 지배력은 강화될 수밖에 없습니다. 사우디아라비아가 원유를 계속 증산하면서 원유 가격을 일부러 낮추자, 미국의 셰일오일* 기업들이 도산한 것과 마찬가지 이치입니다.

자원을 가진 나라는 가격 경쟁을 부추기면서 더욱 강해집니다. 과점이 진행되면 공급처가 소수의 몇 군데로 좁혀지게 됩니다. 따라서 안정된 공급을 기대하기 어렵게 되지요. 또한 가격이 급등할 리스크도 커집니다. 내수용 철광 자원의 대부분을 수입에 의존하는 일본도 이 상황을 남의 일로만 치부할 수는 없습니다.

중국의 조강 생산량은 앞서 살펴본 바와 같이 2014년 5월부터 14개월간 내리 하락했지만, 2016년 3월에는 갑자기 증가했습니다. 그 배경으로 국내의 인프라 정비를 들 수 있습니다. 2017년 가을에 중국 공산당 대회가 열렸습니다. 이에 지방 정부가 실적을 부풀리려고 인프라 정비에 열을 올렸다고 합니다. 이에 따라 중소 철강 제조업체들은 다시 철광석을 증산하기 시작했습니다. 그러나 정작 중요한 공업 부문을 살펴보면 국내 철강 수요가 줄어드는 경향을 보이고 있습니다. 남아도는 철광석은 수출로 방향을 틀었지만, 오히려 이것이 철광석 가격을 하락시키고, 더 나아가 철강재 가격마저 하락시켰습니다.

국내 산출량과 수입·수출량을 통해 국내 수요를 알 수 있습니다. 국

---

* 땅속에서 생성된 원유가 지표면 쪽으로 이동하지 못하고 셰일층에 갇힌 것으로, 셰일층에서 셰일오일을 추출하는 비용이 높아 잘 활용되지 못하였으나, 최근 기술 발달로 채굴 비용이 낮아지면서 새로운 에너지원으로 주목받고 있다.

내에서 풍부하게 산출되는 자원임에도 수입을 많이 한다면 내수가 많다는 것입니다. 물론 그 밖의 요인도 존재할 수 있습니다. 이런저런 요소들을 어떻게 읽어 내느냐에 바로 지리의 묘미가 있다고 하겠습니다.

희소자원인 레어메탈이 낳은 비극

아파르트헤이트가 지속된 이유

자원은 유한하기 때문에 가치가 있다고 지금까지 몇 번이고 강조했습니다. 여기서는 희소자원인 레어메탈(희소금속)과 남아프리카공화국(남아공)에서 실시된 인종 격리 정책, 즉 아파르트헤이트와의 연관성에 관해 알아보겠습니다.

남아공의 인구는 약 5,495만 명으로 비교적 많은 편이고(세계 24위), 1인당 GDP는 6,482달러입니다. 일반적으로 자동차 보급이 가능하다고 보는 경제적 수준이 국민 1인당 GDP 2,500~3,000달러이므로, 남아공은 자동차 시장으로서의 미래 수요가 갖춰졌다고 할 만합니다. 남아공의 1,000명당 자동차 보급대수는 177.9대로, 더 많은 자동차가 보급될 여지는 충분합니다.

남아공의 수출 통계를 보면 1위 기계류, 2위 철광석, 3위 백금족, 4위 자동차, 5위 금(비화폐용), 6위 철강, 7위 석탄, 8위 야채·과실, 그리고 9위가 다이아몬드로 나타납니다. 기계류, 자동차, 철강을 수출하는 걸 보면 공업이 상당히 발전한 나라임을 알 수 있습니다. 또한 철광석, 백금족, 금, 석탄, 다이아몬드 등 광물 자원이 풍부합니다. 그리고 야채와 과실의 생산도 활발합니다.

남아공 - 광물 자원의 혜택을 받은 나라

남아공의 주요 광물 자원 산출량을 세계 다른 나라와 비교해 보면, 철광석이 세계 7위, 백금족 세계 1위, 금 세계 6위, 석탄 세계 7위, 다이아몬드 세계 8위이며, 석탄 수출량은 인도네시아, 오스트레일리아, 러시아, 미국, 콜롬비아에 이어 세계 6위입니다. 석탄은 매장량도 풍부해서 앞으로 채굴할 수 있는 연수가 무려 116.6년이나 됩니다. 물론 남아공의 1차 에너지는 석탄(69.3%)에 집중되어 있습니다.

금의 채굴은 1880년대의 골드러시와도 깊은 관련이 있습니다. 1970년에는 세계 금의 70%를 생산한 적도 있었지요. 그런데 그간 채굴이 쉬운 곳에 있는 금을 너무 캐낸 나머지 땅을 깊이 파 들어가지 않으면 얻을 수 없어 산출량이 감소하고 있습니다. 채굴 비용이 높아져 타산이

맞지 않는 것이지요. 참고로 세계적인 다이아몬드 회사인 드비어스의
본사도 남아공에 있습니다.

레어메탈(rare metal)이란?

백금족(白金族)은 일상생활에서 익숙하지 않은 용어이지만, 루테늄,
로듐, 팔라듐, 오스뮴, 이리듐, 백금(플래티나)을 일컫는 총칭으로서 레어
메탈(희소금속)의 일종입니다. 백금족은 물과 반응하지 않고 산이나 염
기에 부식되지 않는 특징이 있으며, 자동차 배기가스를 정화하는 촉매
장치, 전기·전자 공업용, 보석 제품 등에 요긴하게 사용됩니다. 러시아,
남아공, 미국, 캐나다, 짐바브웨가 전 세계 백금족 생산의 거의 100%를
차지하고 있습니다. 남아공은 세계적으로 희소금속의 산출량이 많은
나라입니다. 일반적으로 희소금속은 다음과 같은 조건을 가집니다.

◎ 지구상에 존재하는 양이 적다.
◎ 순수 금속으로 추출하는 것이 기술적으로 매우 어렵다.
◎ 정련 비용이 높다.

희소금속은 편재성(遍在性)이 큰 금속으로 아프리카 대륙 남부, (구)소
련 지역, 중국 등 특정 지역에만 매장되어 있습니다.

세계 각국은 왜 아파르트헤이트를 못 본 척했을까?

냉전 시대에는 동서 간 교류가 대단히 어려웠습니다. 자유주의 진영 국가들은 희소금속의 수입을 남아공에 전적으로 의존할 수밖에 없었고, 남아공은 희소금속의 공급지로 국제적 지위가 높았습니다. 때문에 자유주의 진영 국가들은 남아공의 아파르트헤이트(인종 격리 정책)를 강하게 비난하기 어려웠습니다.

아파르트헤이트는 간단히 말하면 남아공에서 합법적으로 흑인을 차별할 수 있는 정책이었습니다. 1911년에 제정된 '광산노동법'이 아파르트헤이트가 비롯된 최초의 인종차별법입니다. 남아공은 금과 다이아몬드 광산에서 일하는 백인과 흑인의 직종을 구분하고, 백인과 흑인의 인원수를 통일하는 법률을 시행했습니다. 이로써 흑인은 압도적으로 수가 많지만 취업 기회는 매우 적어지게 됩니다. 한편 공공시설은 백인용과 비백인용으로 구분되고, 흑인이 백인 전용 장소에 들어가면 체포되기도 했습니다. 다른 인종 간의 결혼은 물론이고 연애조차 금지되었지요.

자유주의 국가들이 강하게 비난하지 못하는 것을 기회로 삼아 아파르트헤이트 정책은 점점 그 정도가 심해졌습니다. 그러다가 이에 대한 반대 운동이 일어나고 나중에 대통령이 된 넬슨 만델라도 아파르트헤이트 반대 운동에 나섰습니다. 그리고 1980년대에 들어서야 비로소 남아공에 대해 국제적인 경제 제재가 가해졌습니다.

냉전 시대 종결의 결과

1989년 몰타 회담으로 냉전 구조는 종말을 고했습니다. 동서 간 교류가 활발해지고 미국과 서유럽의 자유주의 진영 국가들은 한때 적대 진영이었던 러시아 등에서 희소금속을 수입할 수 있게 되었습니다.

남아공에서 희소금속을 수입할 필요가 없어지자 아파르트헤이트에 대한 경제적 제재는 더욱 강화되었습니다. 결국 1991년 남아공은 아파르트헤이트의 철폐를 선언합니다. 1994년에는 모든 인종이 참가한 최초의 총선거가 실시되고, 흑인 정당인 아프리카 민족회의가 승리를 거둡니다. 넬슨 만델라는 대통령이 되었지요. 문호가 막혀 있던 국제 스포츠 대회의 참가가 허용되면서 1998년 프랑스에서 열린 FIFA 월드컵에 첫 출전하고, 2010년에는 월드컵 개최국이 되었습니다.

자원을 보유한 나라는 목소리가 큽니다. 외교 협상의 카드로 자원을 이용할 수 있기 때문이지요. 남아공은 냉전 시대에 희소금속을 이용, 아파르트헤이트를 강경하게 밀어붙였습니다. 하지만 과거의 어두운 역사를 극복하고 남아공은 새로운 나라로 태어났으며 1994년 4월 27일 새로운 국기(國旗)를 제정했습니다.

국기의 빨간색은 아파르트헤이트 시대에 흘린 피, 파란색은 하늘과 바다, 녹색은 자연과 농장, 노란색은 천연자원, 검은색은 흑인, 하얀색은 백인을 상징합니다. 비록 7가지 색은 아니지만 남아공의 국기는 '레인보우 플래그'라고 불립니다.

경제가 성장하기 위해서는 우선 정세가 안정되어야 합니다. 아직도 크고 작은 인종 문제가 잔존할지 모르지만, 남아공은 공업 발전을 향해 첫발을 내딛어 오늘날에 이르고 있습니다.

자원 대국만 가능한 알루미늄 생산

자원과 기후를 자기편으로 삼은 나라

돌발 퀴즈입니다. 110페이지 지도를 보고 다음 문제를 풀어 보세요.

도표 (가), (나), (다)는 전 세계의 보크사이트 산출량, 알루미늄 생산량, 알루미늄 소비량을 나타낸 것으로 비율이 높은 8개국을 표시한 것이다. 〈보기〉의 ①~⑥ 중에서 (가)~(다)와 보크사이트 산출량, 알루미늄 생산량, 알루미늄 소비량이 알맞게 짝지어진 것을 하나만 골라라.(2008년도 일본 대입 시험 지리 문제에서 발췌)

다음 도표가 나타내는 것은?

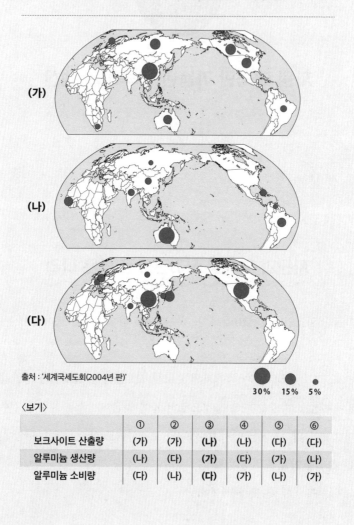

(가)

(나)

(다)

출처 : '세계국세도회(2004년 판)'

30% 15% 5%

〈보기〉

	①	②	③	④	⑤	⑥
보크사이트 산출량	(가)	(가)	(나)	(나)	(다)	(다)
알루미늄 생산량	(나)	(다)	(가)	(다)	(가)	(나)
알루미늄 소비량	(다)	(나)	(다)	(가)	(나)	(가)

지도에서 (가)는 알루미늄 생산량, (나)는 보크사이트 산출량, (다)는 알루미늄 소비량을 나타내므로 정답은 ③번입니다.

보크사이트란?

보크사이트는 열대 토양에서 많이 산출되는 광물 자원입니다. 열대란 쾨펜 기후 구분상 '가장 추운 달의 평균 기온이 18℃ 이상'인 기후를 말하는데, 열대 지역은 기온이 높고 지표 부근의 공기가 따뜻하여 상승기류가 끊임없이 발생합니다. 이 상승기류가 적란운을 만들어 비를 내리게 하므로 강수량이 상당히 많아집니다. 대량의 비가 지표에 침투하면 토양의 양분은 녹지만, 물에 잘 녹지 않는 철 성분이나 알루미늄 성분은 토양에 남게 됩니다. 이러한 현상을 철·알루미늄 부화(富化) 작용*이라고 하는데, 토양에 집적된 알루미늄 성분은 보크사이트를 형성합니다.

위 과정을 보면 보크사이트가 왜 열대 토양(라테라이트라고 불리는 붉은색 토양)에 많이 매장되어 있는지 알 수 있습니다. 보크사이트는 알루미늄의 원료로, 불순물을 제거한 후 전기분해하면 알루미늄이 만들어지지요. 알루미늄은 동전(銅錢), 알루미늄캔, 알루미늄박, 자전거의 프레임, 가전제품에 들어가는 기기 수납 박스 등에 사용됩니다. 따라서 미국, 일본, 중국, 유럽 등 자동차 생산이 많은 나라에서 많이 소비됩니다.

---

* 고온 다습한 열대 기후 조건에서 염기류나 규산이 토양에서 녹아 나옴에 따라 철이나 알루미늄의 산화물이 잔류하여 상대적으로 많아지는 과정을 말한다.

대량의 전력이 필요한 알루미늄 생산

알루미늄은 '전기의 통조림'이라고 할 만큼 생산 공정에서 대량의 전력을 필요로 합니다. 알루미늄 1톤을 생산하려면 약 1만 3천~1만 5천 kWh(킬로와트시)의 전력이 필요한데, 일반 가정에서 사용하는 전력이 하루 10kWh이니까 알루미늄 1톤 생산에 1,300가구 이상이 쓰는 전력을 소비하는 셈입니다. 대단히 많은 전력을 필요로 한다는 사실을 알 수 있습니다.

일본은 자원 빈국이라 발전에 필요한 연료 대부분을 수입에 의존합니다. 그러다 보니 전력 비용이 높을 수밖에 없습니다. 일본의 산업용 전력 비용은 1kWh 발전에 0.129달러가 드는 반면, 미국은 0.068달러로 일본의 절반밖에 되지 않습니다. 오일쇼크 이후 석유 가격이 급등하면서 산업용 전력 비용도 급등했습니다. 1970년대 당시 알루미늄은 1톤당 시가가 약 18만 엔이고, 제조 비용은 무려 12만 엔에 이르렀습니다. 도저히 이익이 날 수 없는 구조였지요. 사정이 이렇다 보니 알루미늄 공업은 전력지향형 공업으로 당연히 비용이 저렴한 전력을 찾을 수밖에 없습니다.

국토 면적이 넓은 나라가 역시 강하다

산유국이나 석탄 보유국처럼 국내 자원이 풍부하고 발전 코스트가 낮으면 전력 비용이 낮아집니다. 재생 가능 에너지(자연 에너지) 발전 역시 저렴한 비용으로 가능합니다. 그러나 그 중 태양광, 태양열, 풍력은 안정성 면에서 좋지 못하고, 지열발전이 가능한 곳은 매우 드물게 분포되어 있습니다.

결국 연간 몇 mm의 비가 내리는지, 어느 계절에 비가 많이 내리는지 등의 파악이 가능한 수력발전이야말로 안정적이면서도 저렴한 전력을 얻을 수 있는 가장 좋은 선택지입니다. 수력발전에 대해 이야기할 때는 포장수력을 고려할 필요가 있습니다. 포장수력은 국내에 존재하는 수자원 중에서 기술적, 경제적으로 이용 가능한 총 수력 에너지의 양을 일컫습니다. 국토 면적이 넓은 나라는 국내에 존재하는 수자원 양이 많기 때문에 포장수력도 커집니다.

전 세계에서 포장수력은 중국, 미국, 러시아, 브라질, 캐나다가 상위 5개국이라 할 수 있는데, 이는 국토 면적상의 상위 5개국이기도 합니다. 알루미늄 생산량(2015년)이 많은 나라를 꼽아 보면 1위 중국, 2위 러시아, 3위 캐나다, 4위 아랍에미리트, 5위 인도, 6위 오스트레일리아, 7위 미국, 8위 노르웨이 순이 됩니다.

결국 국토 면적이 커서 포장수력도 큰 나라 그리고 산유국 혹은 석탄 보유국은 공통적으로 알루미늄 생산에 유리합니다. 110페이지의 도표 (가)를 한 번 더 볼까요? 러시아, 중국, 캐나다, 미국, 브라질처럼 국토 면적이 큰 나라, 노르웨이 같은 산유국 그리고 오스트레일리아, 남아공, 중국 같은 석탄 보유국에서 알루미늄이 많이 생산됨을 알 수 있습니다.

14

독립을 향한 체첸의 함성과 러시아의 고민

키워드 – 석유 이권과 종교 갈등

사람은 가치관을 공유하는 사람과 함께 있으면 즐겁습니다. 가치관이 다른 사람이 만든 규칙에 얽매이는 것은 누구나 싫어하지요.

흑해와 카스피해 사이를 횡단하는 캅카스산맥 북쪽에 체첸 공화국이 있습니다. 국명으로 보면 독립국처럼 보이지만 실은 러시아 영토 안에 있는 나라입니다. 캅카스산맥 북쪽의 산악 지대는 매우 험합니다. 이러한 지리적 이점을 이용하여 체첸 공화국은 대국 러시아의 지배에서 벗어날 수 있었습니다.

체첸 공화국은 과거 러시아로부터의 독립을 주장하면서 분쟁이 두 번 발생했습니다. 그 배경에는 종교 갈등과 석유를 둘러싼 이권 다툼이 존재합니다. 러시아 국민 대다수는 러시아 정교를 믿지만, 체첸인이 믿는 종교는 이슬람교입니다. 1859년 체첸은 러시아 제국의 지배 아래 들어갔지만, 1917년 러시아 혁명 시 자치권을 얻는 조건으로 러시아 공산당에 협력했습니다. 1922년 당시 소련 체제에서 체첸은 자립주가 되었지만, 그것은 어디까지나 형식적 자립에 그쳤습니다. 그 후 체첸인은 종교 탄압을 받게 되고 1944년에는 카자흐스탄과 시베리아로 강제 이주를 당합니다. 그러나 고난은 그들의 단결력을 강화시켰습니다. 유대인의 경우도 그렇지만 고난에 처할 때야말로 인간에게는 강한 단결력이 생기나 봅니다.

체첸인의 독립 의지는 갈수록 굳세졌고 1991년 드디어 소련으로부터 독립을 선언합니다. 그 후 소련이 붕괴되고 1992년 러시아 연방이 들어섰을 때, 체첸은 러시아 연방에 속하기를 거부했습니다. 장장 2년에 걸친 교섭이 결렬되자 1994년 러시아는 체첸을 침공했습니다. 이것이 1차 체첸 분쟁입니다. 수도 그로즈니는 함락되었지만 강한 단결력으로 뭉친 체첸인은 각지에서 게릴라전을 전개하여 러시아군을 궤멸시켰습니다. 마침내 1996년 체첸은 사실상의 독립을 쟁취했고 다음 해에는 정전 협정이 맺어집니다.

그러던 중 체첸의 독립파 세력이 다게스탄(러시아 연방 중 한 곳)을 침공했습니다. 1999년의 일입니다. 러시아군이 체첸으로 진군하면서 다시 분쟁 상태(2차 체첸 분쟁)로 돌입했고 이전의 정전 협정은 무효가 되었습니다. 그 후 독립파 세력이 관여한 폭탄 테러가 연이어 발생했습니다. 이러한 테러는 이슬람 과격파 세력과 손잡았기 때문에 가능했다는 설도 있습니다. 2009년 러시아는 체첸의 테러가 진정될 기미가 보인다고 발표했지만, 그 후에도 테러 사건은 계속 발생하고 있습니다.

체첸은 원유 산출국

체첸은 1893년 수도 그로즈니에서 최초로 원유가 발견된 이래 풍부한 원유 산출량을 자랑하고 있습니다. 1931년의 산유량은 806만 톤으로, 이는 당시 소련 전체 산유량의 36%에 달하는 양입니다. 원유만으로도 체첸은 경제적 자립이 가능한 나라입니다. 게다가 러시아와 체첸 사이에는 종교 갈등도 존재합니다. 캅카스산맥 주변은 민족의 경계선으로, 발칸반도와 비슷한 처지입니다. 그야말로 화약고라 할 수 있습니다. 이처럼 가치관의 차이와 경제적 자립 가능성은 소수 민족이 봉기할 충분한 대의명분이 됩니다.

러시아는 자국 영내인 체첸과 그 동쪽 이웃에 면한 다게스탄 공화국을 통과하는 '북쪽 루트 파이프라인'에 대한 이용료를 받고 있었습니다. 바쿠(아제르바이잔)를 출발해 다게스탄을 거쳐, 그로즈니(체첸)에서 노보로시스크(러시아)까지 도달하는 파이프라인입니다(오른쪽 페이지 지도 참조).

그런데 2차 체첸 분쟁 이후, 지정학적 리스크가 큰 체첸을 지나지 않고 우회하는 대체 루트가 건설되어 2004년 4월부터 가동되었습니다.

대국 러시아와 체첸 공화국의 갈등

○ 분쟁의 주된 원인

1 종교 대립
2 체첸 공화국의 수도
   그로즈니에서 원유 생산

러시아는 아제르바이잔 원유에 대해 영향력을 유지하고 파이프라인의 이용료도 확보하기를 원했습니다. 러시아로서는 이러한 이권을 포기할 수 없었던 것입니다. 대체 루트를 건설했다고 해서 러시아가 체첸의 독립을 인정하는 것은 전혀 아닙니다. 체첸은 산유 지대이며, 서아시아 나라들(대부분 이슬람교)과 완충 지대의 역할도 하고 있기 때문입니다.

체첸 입장에서는 러시아와는 종교도 다르고, 원유도 생산되고 있으니 정치적으로나 경제적으로 충분히 자립할 수 있다는 믿음을 가질 수 있습니다. 서로 다른 가치관을 지닌 민족이 동거하기란 이토록 어려운 일입니다.

자원 대국 브라질

광물 자원과 기후의 수혜국

브라질은 광물 자원의 혜택을 받은 나라입니다. 국토의 반 이상이 저위도에 위치한 열대의 나라이기도 하지요. 이를 토대로 삼아 브라질 경제에 대해 알아보겠습니다.

브라질이 속한 남미대륙의 지체(地體) 구조*는 다음과 같습니다. 남미대륙의 서쪽을 종단하는 안데스산맥은 환태평양 조산대에 속하므로 석유나 구리 등이 풍부하게 매장되어 있습니다. 안데스산맥 주변에는 세

---

* 대규모의 지각 변동으로 넓은 지역에 걸쳐 형성된 지질 구조

계 최대의 원유 매장량을 자랑하는 베네수엘라와 세계 최대의 구리 산출국인 칠레, 그리고 역시 풍부한 구리가 산출되는 페루가 있습니다.

남미대륙 동쪽의 지체 구조를 살펴보면 아마존강을 기준으로 북쪽으로는 기아나고지가, 남쪽으로는 브라질고원이 있습니다(91페이지 참조). 기아나고지와 브라질고원은 아마존강으로 말미암아 오랜 세월 분리되어 왔지만 원래는 하나의 땅덩어리였다고 추정됩니다. 기아나고지와 브라질고원은 지질학적으로 같은 특징을 가지며 철광석, 보크사이트, 희소금속 같은 광물 자원이 매장되어 있습니다. 브라질은 철광석과 보크사이트를 수출해 외화를 벌어들입니다. 철광석은 브라질의 수출품 중 1위를 차지하고 있지요.

일본과 브라질의 밀접한 관계

브라질에서 보크사이트 광상*이 발견된 것은 1967년의 일입니다. 아마존강의 지류인 트롬베타스강(Trombetas River) 유역에서 발견되었지요. 이곳에서 보크사이트는 다량으로 산출되었고 가격도 너무 쌌기 때문에 알루미늄 스크랩(혼합) 형태로 제련해서 일본에 수출했습니다. 그런데 보크사이트로부터 알루미늄 스크랩을 만들려면 전력을 싸게 공급받아야 합니다. 이를 위해 브라질은 아마존강에 투쿠루이댐(Tucurui Dam)

---

* 경제적 가치가 있는 광물 자원이 암석 속에 많이 묻혀 있는 곳

을 건설했습니다. 투쿠루이댐은 일본 정부가 제공하는 공적 개발 원조(ODA) 자금으로 건설되었는데, 아마존강 지류인 토칸칭스강(Tocantins River) 상류에 있습니다. 투쿠루이댐의 건설로 상류 쪽에 거대한 댐 호수*가 생겼습니다.

알루미늄 스크랩의 제련을 맡고 있는 알브라스(Albras)는 브라질(51%)과 일본(49%)의 공동 출자로 설립된 기업입니다. 여기서 생산한 알루미늄 스크랩의 약 절반(약 22만 톤)을 일본에 수출하고 있는데 그 수입량은 일본이 수입하는 알루미늄 스크랩 총량의 약 10%를 차지합니다. 일본의 입장에서는 없어서는 안 될 기업이지요.

브라질을 지탱하는 수력발전

브라질은 국토 면적이 넓은데다 열대 기후여서 연 강수총량**이 세계 최대입니다. 그 결과 포장수력이 풍부하여 브라질은 예전부터 수력발전에 의존해 왔습니다. 수력 발전량은 전체 발전량의 약 4분의 3을 차지하는데, 1980년 128.9TWh(테라와트시)에서 2015년 360.94TWh로 약 3배나 증가했습니다.

---

* 서울시 면적의 4배에 가까운 면적의 거대한 댐 호수로 알려져 있다.
** 연평균 강수량에 국토 면적을 곱하여 구한다.

관건은 원유

한편 브라질은 원유 개발에도 힘을 기울이고 있습니다. 1980년의 원유 생산량은 일일 18만 8천 배럴인 반면 소비량은 하루에 116만 3천 배럴에 이르러, 원유의 공급은 브라질 경제의 커다란 문제로 등장하게 됩니다. 브라질은 늘 원유 수입국이었습니다. 그렇기에 원유 개발에 힘을 쏟았고 매년 생산량을 늘려 마침내 다른 나라에 수출할 정도까지 되었습니다. 하지만 브라질은 지체 구조상 매장된 원유가 영토 내에서는 발견되지 않고 94%가 해저 유전(80%는 리우데자네이루주의 앞바다)에서 산출됩니다. 따라서 문제도 많습니다.

2010년 멕시코만 원유 유출 사고에서 보듯 해저 원유의 채굴은 많은 위험이 따릅니다. 또한 비용이 높아 원유의 사업성에 어려움이 있습니다. 지금까지 브라질의 최대 원유 수출국이었던 미국은 셰일오일의 국내 공급량이 늘면서 브라질산 원유의 수입량을 줄였습니다. 바통을 이어받아 최대 수출국이 된 중국도 계속 안정적인 수요가 있을지 불투명합니다.

브라질의 강점은 수력발전입니다. 수력발전은 본래 연간 강수량의 영향을 많이 받는데 브라질은 월 단위의 계절 변동은 있지만 연 단위로는 강수량이 안정적인 편입니다. 그리고 전쟁이 일어나 영토를 빼앗겨서 국토 면적이 갑자기 작아질 리도 없겠지요. 브라질은 포장수력이 큰 나라이므로 앞으로도 수력발전이 국가 경제를 뒷받침해 줄 것입니다.

EU에 가입하지 않는 실력자, 노르웨이의 정체

독자 행보가 가능한 3가지 이유

EC는 EU의 전신으로 1967년에 결성되었습니다. 1950년의 슈만 플랜(프랑스 외무장관인 로베르 슈만이 제창한 플랜)에 의해 설립된 유럽석탄철강공동체(ECSC : European Coal and Steel Community)가 그 시작이었지요.

독일과 프랑스는 철광석과 석탄을 놓고 숱한 전쟁을 벌인 역사를 가지고 있습니다. 두 국가는 정치적 안정이 필요했고, 따라서 철광석과 석탄 광산을 공동으로 관리하기로 합의하게 됩니다. 철광석과 석탄의 공동시장을 만들어 경제 발전을 도모하려는 목적이었습니다. 유럽석탄철강공동체에 유럽경제공동체(EEC : European Economic Community)와 유럽

원자력공동체(Euratom : European Atomic Energy Community)가 합쳐진 것이 EC였습니다.

1993년 EC는 EU로 발전하고, 유럽 각국이 가입을 희망하면서 2013년 EU에 가입한 나라는 총 28개국이 되었습니다. 2016년 6월 영국이 EU 탈퇴를 결정했지만 어쨌든 2018년 6월 현재 EU 가입국은 28개국입니다. 124페이지의 지도를 보면 노르웨이는 애초부터 EU에 가입하지 않았습니다. 왜 그랬을까요?

1524년 이래 노르웨이는 덴마크와 동군연합을 해 왔습니다. 동군연합(同君聯合)이란 한 사람의 군주가 복수의 나라를 통치하는 것을 말합니다. 영국과 (구)영국령으로 결성된 영국연방이 동군연합의 대표적 사례입니다.

노르웨이는 국토의 대부분이 북위 50도 이상에 위치하여 날씨가 춥고, 스칸디나비아산맥이 세로로 뻗어 있어 평탄한 토지가 적습니다. 그 이유로 농업이 부진해 식량 부족으로 자주 고통을 겪었습니다. 반면에 산악국가로서 삼림 자원이 풍부하고 여기에 철광석도 산출되기 때문에 노르웨이는 자원 공급지 역할을 해 왔습니다. 한편 덴마크는 농작물 재배가 잘되는 농산물의 공급이 원활한 나라입니다. 노르웨이는 1814년 덴마크로부터 독립했으나, 그 후 스웨덴과 동군연합을 하였습니다. 그리고 1905년 마침내 노르웨이인은 400년 가까운 연합의 역사를 끊고 겨우 해방되어 자유를 얻었습니다. 이런 배경으로 노르웨이인은 애국심이 매우 높다고 합니다.

EU에 가입하지 않는 나라는?

⬤ 2018년 6월 EU 가입국(28개국)

독일, 프랑스, 이탈리아, 벨기에, 네덜란드, 룩셈부르크,
영국, 아일랜드, 덴마크, 그리스, 스페인, 포르투갈,
오스트리아, 스웨덴, 핀란드, 폴란드, 체코,
슬로바키아, 헝가리, 슬로베니아, 에스토니아,
라트비아, 리투아니아, 몰타, 키프로스,
루마니아, 불가리아, 크로아티아

노르웨이

비가입국 : 영구 중립국인
스위스 및 노르웨이

스위스

이와 같은 역사를 거치면서 노르웨이인은 타인에게 지배받는 것을
매우 싫어하는 기질이 형성되었습니다. 어쩌면 이런 기질이 EU 가입을
가로막는지도 모르겠습니다.

노르웨이의 강점 ① : 수산업

노르웨이는 수산업이 발달한 나라입니다. 앞바다에 난류인 북대서
양해류와 한류인 동그린란드해류가 만나는 조목(潮目)이 형성되어 있기
때문입니다. 또한 뱅크 해역(대륙붕에서 언덕 모양으로 높게 솟아오른 지형)도
수산업 발달에 한몫하지요.

조목은 난류와 한류가 합류하는 해역을 말합니다. 한류는 난류보다 무거워서(차가운 물이 뜨거운 물보다 무겁기 때문) 둘이 만나면 한류가 난류 아래로 흘러듭니다. 그러면 바닷물에 있는 영양염류가 해수면 가까이로 이동하는데, 이 현상을 용승(湧昇)*이라고 합니다. 용승의 영향으로 산소량이 많아지면 플랑크톤의 영양분이 되는 영양염류도 풍부해집니다. 그러면 플랑크톤이 많이 발생하면서 어류가 몰려드는 해역이 되어 이른바 '황금어장'을 형성하게 됩니다.

뱅크 해역은 주변보다 바닥이 높은 해역을 가리키는데, 태양광선이 주변보다 얕게 퍼지기 때문에 해조류가 번성합니다. 이 또한 어류의 좋은 산란장이자 서식처가 되기 때문에 황금어장이 됩니다. 노르웨이는 이처럼 수산업이 발달할 수 있는 자연적 토대가 갖춰졌습니다.

또한 노르웨이는 피오르가 발달한 나라로 유명합니다.** 피오르는 노르웨이어로 '협만'이라는 뜻인데, 산지 경사면에 형성된 빙하가 침식되면서 U자형 계곡(빙식곡)을 가라앉혀(해수면이 상승하거나 지반이 침하하여 물에 가라앉음) 생긴 것입니다. 피오르는 양쪽이 깎아지른 듯한 절벽으로 되어 있고, 수심이 깊고 협만이 안쪽까지 길게 이어지는 특징이 있습니다.

파도가 완만하고 수심이 깊으면 항구를 건설할 수 있습니다. 노르웨이의 피오르에는 자연적인 지형을 이용하는 항구가 많이 있습니다. 지

---

* 찬 해수가 바다 심층에서 상승해 올라오는 현상. 용승이 되어 올라온 물을 용승류라고 하는데, 용승류는 수온이 낮고 밀도가 높으며 영양염류가 풍부하고 용존 산소량이 많아서 좋은 어장을 형성한다.

** 노르웨이 송네 피오르는 세계에서 가장 긴 피오르로 길이가 240km에 이른다.

리에서는 이것을 '자연스럽게 좋은 항구가 발달했다'고 말합니다. 또한 고위도에 위치하지만, 앞바다에 난류인 북대서양해류가 흐르므로 겨울에도 얼지 않는 항구, 즉 부동항이 많습니다. 부동항의 존재는 노르웨이의 입장에서는 대단히 큰 도움이 됩니다. 스웨덴 북부의 키루나와 옐리바레에서 산출된 철광석은 겨울에는 노르웨이의 나르비크까지 수송된 뒤 수출됩니다. 왜냐하면 스웨덴의 보트니아만은 스칸디나비아산맥에서 불어오는 찬 바람의 영향을 받아 겨울이면 얼어붙기 때문입니다. 그렇게 되면 당연히 수출이 곤란해지지요.

노르웨이의 강점 ② : 수력발전

노르웨이는 수력발전이 왕성한 나라입니다. 산악국이라 지형의 높이 차이를 이용할 수 있기 때문입니다. 스칸디나비아산맥의 영향으로 연간 강수량도 많습니다. 이런 조건이야말로 지형의 이점을 살려 수력발전이 발달할 수 있는 토대입니다.

노르웨이에는 현재 700기 정도의 수력발전소가 있으며, 전체 발전량에서 수력발전의 비율은 96.21%로 에너지 대부분을 수력발전으로 충당합니다. 화력발전의 비율은 불과 1.89%밖에 되지 않습니다. 전기료가 쌀 수밖에 없는 조건이지요. 100㎾h당 전기료가 9.45달러로 세계 평균 19.63달러의 절반 이하입니다. 한랭 기후이기 때문에 난방 설비의 사용 빈도가 높고 1인당 전력 소비량이 연간 2만 3,001㎾h로 아이슬란드(5만 3,896㎾h/년) 다음으로 많지만 값싼 전기료 덕분에 문제없습니다. 게다가 인구도 약 521만 명밖에 되지 않으니, 다른 나라는 꿈도 꾸지 못할 만큼 전기 사용이 수월합니다.

노르웨이의 수력발전량은 중국, 캐나다, 브라질, 미국, 러시아에 이어 세계 제 6위입니다. 값싸고 풍부한 전력 공급을 배경으로 노르웨이는 알루미늄 생산도 풍부합니다. 오슬로에 본사를 둔 노르스크 하이로드가 유명하지요. 수력발전이 풍부하다는 사실보다도 화력발전의 비율이 극히 낮다는 점에 주목할 필요가 있습니다. 국내 전력의 대부분을 수력발전으로 충당하기 때문에 원유나 천연가스를 이용한 화력발전에 의존할 이유가 없지요. 원유의 소비량은 1,023만 톤(미국 8억 5,163만 톤, 중국 5억 5,973만 톤, 일본 1억 8,962만 톤), 천연가스 소비량은 48억 500만m^3(미국 7,779억 7,000만m^3, 일본 1,134억 2,200만m^3)입니다. 인구가 적다는 점을 감안해도 원유와 천연가스의 소비량은 매우 낮은 수준입니다.

노르웨이의 강점 ③ : 원유와 천연가스

노르웨이는 세계적으로 원유와 천연가스의 생산이 많은 나라입니다. 1969년 에코피스크 유전 채굴 성공을 발판으로 1972년에는 국영기업 스타토일 하이드로[당시 이름은 스타토일(Statoil)]를 설립하면서 본격적으로 원유 채굴에 나섰습니다. 해저 유전의 채굴은 많은 비용이 들어가기 마련인데도 1970년대 있었던 두 번의 오일쇼크로 말미암아 원유 가격의 급등은 큰 문제가 되지 않았습니다. 노르웨이의 원유 생산량은 8,802만 톤으로 세계 15위, 천연가스 생산량은 1,171억 5,200만m^3으로 세계 7위입니다. 여기에서 위에 언급한 국내 소비량을 빼 보겠습니다. 생산량에서 국내 소비량을 뺀 값을 수출 여력이라고 합니다(수출 여력은 꼭 수출량과 일치하지 않음). 노르웨이는 원유 7,779만 톤, 천연가스 1,123억 4,700만m^3의 수출 여력을 갖습니다. 그리고 이를 인구수로 나누면 1인당 수출 여력을 구할 수 있습니다. 그러면 원유의 경우 14.9톤으로 쿠웨이트에는 못 미치지만, 아랍에미리트나 사우디아라비아와 비슷한 수준입니다. 천연가스는 2만 1,600m^3로 중동의 카타르(6,100만m^3)에 비하면 턱없이 적지만, 다른 나라에 비하면 훨씬 많은 편입니다.

　이런 배경 아래에서 원유와 천연가스의 수출에 힘껏 노력한 결과, 노르웨이는 상당한 경제력을 유지하고 있습니다. 문제는 원유나 천연가스가 언젠가 고갈된다는 점입니다. 노르웨이 정부는 석유 산업에 핵심을 두는 동시에 새로운 산업을 개발하기 위해 지속적으로 애쓰고 있습니다. 관광 산업은 그 중 하나로, 최근 들어 노르웨이의 입국자 수와 여행 수입이 증가하는 추세를 보이고 있습니다.

노르웨이가 EU에 가입하지 않은 이유

　노르웨이는 EU 가입을 묻는 국민투표를 1972년(당시는 EC)과 1994년 두 번에 걸쳐 실시했습니다. 1972년은 반대 53.5% 대 찬성 46.5%,

1994년에는 반대 52.2% 대 찬성 47.8%로 찬반이 서로 크게 차이 나지는 않았습니다. 그래도 두 번의 국민투표 모두 반대표가 더 많아서 결국 EU 가입은 부결되었습니다. 2016년의 여론조사에서는 EU 가입의 반대가 70.6%로 부쩍 늘어나 많은 국민이 EU 가입을 원하지 않음이 드러났습니다. 노르웨이는 덴마크, 스웨덴과의 동군연합을 경험한 과거가 있기 때문에 자국의 독자성에 강한 집착을 갖고 있습니다. 만일 EU에 가입해서 EU의 규칙에 따라 원유, 천연가스를 판다고 하면 자국의 이익을 확보할 수 없을 것이란 우려를 하고 있는 것 같습니다.

진짜로 하고 싶은 게 있다면 누군가를 끌어들이지 않고도 자기 스스로 해낼 수 있으므로 굳이 무리를 형성할 필요가 없다는 것이지요. 노르웨이가 앞으로도 독자적인 발걸음을 지속한다면 그 이유는 나름의 토대가 마련되어 있기 때문일 것입니다.

다이아몬드 국가 보츠와나의
지리적 악조건 3가지

경제 성장은 계속되고 있지만……

아프리카 대륙의 54개국 중 국민 1인당 GDP 순위는 적도기니, 세이셸, 모리셔스, 가봉 그리고 보츠와나입니다. 그 뒤로 남아공과 리비아가 뒤따릅니다. 보츠와나라는 국명은 대부분의 사람들에게 낯설지도 모릅니다. 보츠와나는 아프리카 대륙 남부에 위치한 내륙 국가로 남아공 북부에 인접해 있습니다. 하지만 입수 가능한 정보가 적어서 이른바 감각적 거리가 매우 먼 나라라 할 수 있습니다. 여기서는 보츠와나의 경제에 대해 알아보겠습니다.

보츠와나의 수출 품목을 보면 1위 다이아몬드를 비롯하여, 2위 니켈

광, 3위 기계류, 4위 동광, 5위 육류, 6위 자동차, 7위 금(비화폐용), 8위 무기화합물, 9위 철설(금속 스크랩, 즉 쇠 부스러기)로 이어집니다. 그 중에서 다이아몬드의 수출 비율은 81.8%로 무척 높습니다. 다시 말해 보츠와나는 다이아몬드 모노컬처 경제(국내 생산·수출을 몇 개 품목의 1차 산품에 전적으로 의존하는 경제)의 양상을 띠는 나라입니다. 보츠와나는 국민 1인당 GDP가 6,361달러(2015년 기준)로 중간 정도의 소득 수준을 가진 국가입니다. 석유 자원이 풍부한 리비아가 5,488달러, 아프리카 최대의 공업국인 남아공이 5,773달러이므로, 이들과 비교해 보면 보츠와나는 예상 외로 상당히 부유한 나라라고 할 수 있지요.

정치적 안정성과 다이아몬드 산업, 이 두 가지가 보츠와나의 경제 성장을 설명하는 키워드입니다. 보츠와나는 1966년 영국으로부터 독립한 이후, 전쟁이나 내전을 한 번도 겪지 않고 평화롭게 독립을 유지하고 있습니다. 이런 영향 때문인지 보츠와나는 "의회의 합의가 너무 늦다"는 우스갯소리를 들을 만큼 부정부패에 대단히 엄격한 나라이기도 합니다.

다이아몬드의 고갈 위험

다이아몬드 광상은 1967년에 발견되었는데 보츠와나의 다이아몬드는 앞서 수출 통계에서 보듯이 국가 경제를 좌지우지할 만큼 중요한 자원입니다. 보츠와나의 다이아몬드 산업은 남아공의 드비어스와 보츠와나 정부가 절반씩 출자해서 설립한 드스와나가 이끌고 있습니다.

다이아몬드는 희귀한 광물 자원입니다. 세계 어디에서도 갑자기 산출량이 급증할 수는 없습니다. 반면 고갈될 우려는 있습니다. 다이아몬드는 2050년쯤 거의 고갈되지 않을까 예상합니다. 사정이 이렇다 보니 보츠와나도 다이아몬드 산업을 대체할 산업을 성장시켜야 할 과제를 떠안고 있습니다.

3가지 지리적 악조건

보츠와나의 경제 안정화를 위한 과제는 경제 다각화를 진전시키는 것입니다. 보츠와나의 경제 다각화는 진즉부터 시작되었지만 아직 큰 성과를 올리지는 못했습니다. 그 이유는 다음 3가지로 요약할 수 있습니다.

첫째, 보츠와나는 다이아몬드 산업이 융성하여 주변 아프리카 국가에 비해 임금 수준이 높습니다. 둘째, 보츠와나는 내륙 국가이고, 내륙 국가는 수출에 매우 불리합니다. 육상 수송은 아무래도 수송비가 많이 들기 때문이지요. 광물 자원 같은 1차 산품은 단가가 싸서 수송비가 적게 드는 선박을 이용해야 하는데 보츠와나는 그러지를 못합니다. 셋째, 보츠와나는 인구가 약 226만 명밖에 되지 않아 국내 시장이 매우 작습니다. 시장이 작다 보니 제조업을 하는 외국 자본이 공장을 지으려고 해도 메리트를 찾기 어렵습니다. 외국 자본의 도입으로 성공한 나라 대부분은 수출지향형 공업 발전 전략을 택했습니다. 한국, 대만, 홍콩, 싱가포르 같은 아시아 신흥경제공업국(NIES : Newly Industrializing Economics)이 대표적인 사례입니다. 그러나 보츠와나에 진출한 외국 자본은 거의 없습니다.

또한 보츠와나는 남아공과 관세 동맹을 맺고 있어서 남아공 자본이 국내에 미치는 영향력이 막강합니다. 보츠와나 입장에서는 남아공 자본도 어쨌거나 외국 자본이지요. 남아공 자본은 보츠와나 자국의 중소기업이 성장하지 못하는 최대 요인입니다.

보츠와나는 소고기, 관광, 금융 등에도 힘을 쏟고 있지만 다이아몬드 산업의 뒤를 잇기에는 아직 한참 부족합니다. 은행이 민간 기업에 융자해 줄 기회 자체가 적고, 개인 소비 자금 융자가 전체 융자의 60%나 차지하고 있습니다. 중위 소득 국가치고는 금융 부문이 특히 취약한 편입니다.

자원 대국은 풍부한 자원을 배경으로 경제 성장이 이루어져야 합니다. 그러나 계속 그것만 가지고 경제 성장을 꾀하면 자원 수출이 늘어날수록 자국의 통화 가치가 올라가서 주력 자원 이외의 수출품은 국제 경쟁력을 잃게 됩니다. 이처럼 자원 대국은 그 나름의 고민이 있습니다.

중국
아프리카 시장 개척을 노린다!

오스트레일리아
자원 수출로 외화 획득을 노린다!

- 제3장 -

무역

전 세계에서
벌어지는 줄다리기

미국
강력한 미국의 부활을 노린다!

브라질
유럽의 항공기 시장을 노린다!

█ **제3장에 나오는 주요 국가**

싱가포르, 멕시코, 오스트레일리아, 캐나다, 미국, 브라질, 중국, 탄자니아, 나이지리아

트럼프 대통령이 TPP 탈퇴를 선언한 이유

키워드 - 미국인의 고용과 다국적 기업

"TPP는 미국에게 크나큰 재앙이 될 것이므로 탈퇴하겠다!" 트럼프 대통령은 취임 직후 이렇게 말했습니다. 그의 말은 이어집니다. "미국인에게 일자리를 돌려주고 미국 산업을 부활시킬 공평한 양국 간 협정을 추진하겠다!" 왜 트럼프 대통령은 이토록 TPP를 부정할까요?

TPP란 환태평양 경제 동반자 협정(Trans-Pacific Partnership)의 약칭입니다. 원래는 싱가포르, 칠레, 뉴질랜드, 브루나이의 4개국이 출범한 환태평양 전략적 경제 동반자 협정(TPSEP : Trans-Pacific Strategic Economic Partnership Agreement, 2006년 발효)이었습니다. 여기에 미국이 참가 의사를 표명하면서 확대 교섭이 이루어졌고, 미국을 비롯해 일본, 오스트레일리아, 베트남, 페루, 말레이시아, 캐나다, 멕시코의 8개국이 추가되었습니다.

이들 12개 회원국은 세계를 기준으로, 인구 약 11%, GDP 약 36%, 무역액 약 26%를 차지하고 있습니다. 따라서 TPP를 통해 세계 최대 규모의 자유무역권이 실현되리라는 큰 기대가 있었습니다. TPP의 특징으로는 제품뿐만 아니라 서비스, 투자 등 총 21개 분야에 걸친 폭넓은 무역 자유화를 지향하는 것을 들 수 있습니다.

트럼프가 가려는 길

트럼프는 공화당 후보로 출마했습니다. 전통적으로 공화당은 백인의 지지를 얻어야 승리할 수 있는 정당입니다. 트럼프의 승리도 마찬가지였습니다. 트럼프는 경제의 글로벌화가 진행됨에 따라 발생한 미국 경제의 저성장과 소득 격차 확대의 원인이 이민자들 때문이라는 선거 이슈를 내세웠습니다. 거기다가 "다시 한번, 강력한 미국을 만들겠다!"라고 목소리를 높였지요. 트럼프처럼 공화당 후보로 제40대 미국 대통령으로 선출된 로널드 레이건은 ① 작은 정부 ② 규제 완화 ③ 자유무역 ④ 감세 ⑤ 미국 군사력 증강을 슬로건으로 내세웠습니다.

트럼프도 레이건과 마찬가지로 규제 완화와 감세 그리고 미국 군사력의 증강을 주장했습니다. 그러나 작은 정부와 자유무역에 대해서는 부정적이며 오히려 큰 정부와 보호무역주의를 강조했습니다. 공공투자 확대를 비롯해 10년간 1조 달러의 공적 투자를 하겠다고 주장했습니다. 그리고 GDP 4% 성장을 예상했지요. 트럼프는 보호무역주의를 주장하며 TPP 같은 자유무역에 반대합니다.

TPP는 자유무역 권역을 창출한다는 목적이 있는 것도 사실이지만, 실은 대기업이 회원국의 정책에 개입할 수 있는 '대기업 패권 시스템'을 구축하려는 것입니다. TPP 체제하에서는 기업이 정부보다 더욱 강력한 힘을 갖게 될 가능성이 있습니다. 그렇게 되면 큰 정부를 실현시키기가 어렵게 됩니다. 트럼프는 TPP의 탈퇴만이 아니라 북미자유무역협정(NAFTA)의 재교섭 혹은 탈퇴도 염두에 두고 있습니다. NAFTA도 미국, 캐나다, 멕시코 간의 자유무역 권역 창출을 위한 것입니다.

트럼프는 미국 노동자의 해고를 저지하기 위해 관세 부과도 주장했습니다. 가령 A사가 저임금 노동력을 찾아 B국에 공장을 지어 진출하고 거기서 생산한 공업 제품을 미국에 수출할 경우에 관세를 부과하겠다는 것이지요. 여기에는 기업의 해외 이전을 막겠다는 의도가 있습니다. 또한 불법 이민의 방지책으로 멕시코와의 국경에 거대한 장벽을 설치한다고도 합니다.

환경 보호 관점에서 시행되었던 자국 내 에너지 자원 개발에 대한 규제를 철폐하고, 에너지 관련 인프라 정비를 재개하고, UN의 기후 변화 대응을 위해 지출했던 자금을 거두어들여 국내로 돌리려고 합니다. 그리고 이제 세계의 경찰 역할을 그만두고 그 돈을 국내로 환원하겠다고

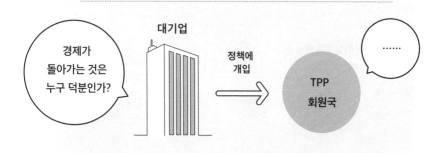

대기업과 TPP의 관계

경제가 돌아가는 것은 누구 덕분인가?

대기업

정책에 개입

TPP 회원국

……

기업이 정부보다 더 강력해질 가능성이 있다

공언하고 있습니다. 이 모든 것에는 공통점이 있습니다. 미국의 국내 고용을 유지하는 데 그치지 않고, 나아가 신규 고용을 대량 창출하는 것, 그것이 트럼프의 의도입니다.

강한 미국은 어디로 향하나?

이제 미국의 TPP 탈퇴가 어떤 의미를 가지는지 분명해졌습니다. 미국, 캐나다, 멕시코가 만든 NAFTA 체제 아래서는 미국의 국내 고용을 해외로 많이 빼앗길 수밖에 없습니다. 다국적 기업의 이익은 될지언정 미국 노동자의 이익은 되지 않는 것이지요. 트럼프는 TPP가 중하위층

미국이 TPP를 탈퇴한 이유

더 이상 고용을 뺏기고 싶지 않다!

TPP

NAFTA

미국의 노동자에게 더 큰 이익을!

강한 미국을 부활시키려는 목적

의 사람들에게는 악몽 같은 것이라고 하며 공공사업을 통해 고용을 창출하는 것이 더 바람직하다고 주장합니다. 대통령 선거 중 트럼프는 오랫동안 민주당의 텃밭이었던 '러스트 벨트'의 중간층으로부터 지지를 이끌어내는 데 성공했습니다.

러스트 벨트(Rust Belt)는 '녹슨(러스트) 지역'이라는 뜻으로 오대호의 남동부에 위치한 위스콘신, 미시간, 인디애나 등의 지역을 가리킵니다. 지난 수십 년간의 탈공업화로 인해 제조업에서 더 이상 사용하지 않는 기계를 '녹슨 것'으로 간주해, 그런 명칭이 붙었습니다. 빈곤에 허덕이던 이 지역의 백인층이 트럼프를 지지한 것이지요.

미국은 오랫동안 세계 패권국으로 자리매김해 왔습니다. 천문학적인 돈을 세계의 여기저기에 뿌렸지요. 그 돈을 이제는 노동자의 이익을 위해 국내로 돌리려고 합니다. 포퓰리즘이라고 할지는 모르지만 어쨌든 강한 미국을 만들기 위해서입니다. 그리고 그 이유로 TPP는 더 이상 필요 없다는 생각을 하게 된 것입니다.

EPA - 일본의 윈윈 전략

일본의 파트너인 싱가포르와 멕시코

경제동반자협정(EPA: Economic Partnership Agreement)*은 폭넓은 경제적 강화를 지향하면서 무역 및 투자를 자유롭고 원활하게 하려는 협정을 말합니다. 관세 및 비관세 장벽을 철폐하여 투자, 특허, 외국인 노동자의 수입, 전자상거래 등 여러 분야에 걸쳐 연대를 강화하자는 것입니다. 그러나 협정까지는 시간이 걸립니다. 국가 간의 이해관계 조정이 복잡한 일이기 때문이지요. 일본의 경우는 국내 산업(주로 농업)의 조정이

---

* 일본에서 FTA 대신에 만들어 낸 용어로, 전면적인 관세 및 비관세 장벽의 해소를 추구하는 FTA보다 포괄적인 의미의 무역 자유화 협정을 말한다. (출처 : 한경경제용어사전)

큰 과제입니다. 일본의 첫 번째 EPA 협정국 싱가포르와 두 번째 협정국인 멕시코의 사례를 알아보겠습니다.

도시 국가인 싱가포르는 국토 면적이 719.1㎢로 아주 작은 반면, 인구는 약 560만 명으로 인구밀도가 아주 높습니다. 싱가포르의 인구밀도는 약 7,800명/㎢입니다. 국토가 좁은 나라이기에 교통 체증이 자주 일어날 가능성이 있습니다. 이에 싱가포르 정부는 '더 이상 자동차를 늘리지 않겠다!'며 신차 구입권이 없으면 자동차를 구입할 수 없게 했습니다. 자동차세가 무려 100%로 매우 비싸고 신차 가격에 신차 구입권 가격이 더해지기에 웬만한 자동차를 가지려면 1억 원이 넘는 돈이 있어야 합니다.

싱가포르와의 원만한 협정 체결

인구밀도가 높은 싱가포르에서 대규모 농업이 가능할까요? 몇 가지 숫자로 확인해 보겠습니다.

◎ GDP 대비 농업 생산액 비율 → 0.03%(일본 1.22%)
◎ 전 국토에서의 경지 면적 비율 → 0.94%(일본 12.44%)

농업 종사자는 2천 명 정도로 농업 종사자 1명당 경지 면적은 0.4ha입니다. 농업이 주산업이라고는 볼 수 없지요. 싱가포르의 주요 수출품은 기계류, 석유제품, 유기화합물, 정밀기계, 플라스틱, 의약품 등으로, 농산물은 주요 수출 품목에 들어가지 않습니다.

한편 일본의 주요 수출품은 기계류, 자동차, 철강, 정밀기계, 유기화합물, 플라스틱, 석유제품, 선박입니다. 일본은 싱가포르에서 수입하는 품목에 관세를 철폐하는 데 있어 농산물과 가죽 제품은 제외한다는 예외 조항을 두었지만, 일본과 싱가포르가 EPA를 체결하더라도 양국 모두 농업에 타격을 입을 일은 거의 없습니다. 따라서 싱가포르와 일본 간의 EPA는 원만히 이루어졌지요.

농산물 수출국 멕시코는 어떻게 EPA를 맺었을까?

일본이 두 번째로 EPA를 맺은 나라는 멕시코입니다. 멕시코는 쌀이나 밀을 미국에서 수입하기 때문에 식량 자급률은 낮지만, 야채와 과실은 온화한 기후 덕분에 생산이 활발하여 주요한 수출품이 되었습니다. 멕시코의 대 일본 수출 품목은 기계류, 원유, 육류, 과학 광학 기기, 과실, 자동차 부품, 가구, 소금, 어패류 등입니다. 일본의 축산 농가나 과일 농가가 타격을 받을 가능성이 있지요. 멕시코는 NAFTA 회원국이라 미국으로부터 무관세로 수입할 수 있는 물품도 있습니다. 미국으로부터 수입한 물품을 멕시코산으로 위장하여 일본에 다시 수출할 수 있다는 우려도 있습니다.

일본과의 EPA 교섭에서 멕시코는 소고기, 돼지고기, 닭고기, 오렌지

(주스) 등에 대한 관세 인하를 요구한 바 있습니다. 여기에 일본은 자동차와 철강에 대한 관세 인하를 요구했지요. 국내 농가를 지키려는 사람들을 설득하는 진통의 과정 끝에 마침내 협정이 맺어졌습니다. 멕시코는 싱가포르, 칠레와 함께 세계적인 FTA 강국입니다. 일본 기업이 멕시코에 생산 거점을 두고 부품이나 원재료를 보낸 후 완제품을 만들어서 다시 미국이나 EU로 수출하면 해당 지역의 관세가 거의 제로라는 이점을 일본은 중요시했다고 볼 수 있습니다.

20

오스트레일리아의 경제 전략
– 자원은 해외로!

자원 산지와 대도시의 역학 관계

많은 사람이 오스트레일리아를 선진국으로 취급합니다. 오스트레일리아는 '선진국 클럽'이라고 일컬어지는 경제협력개발기구(OECD : Organization for Economic Cooperation and Development) 회원국이므로 선진국이라고 불러도 좋을 것입니다. 오스트레일리아는 평균 연수입이 5만 9,407달러로 세계 5위, 국민 1인당 국내총생산(GDP)은 6만 2,290달러로 세계 9위, 국민 1인당 국민총소득(GNI : Gross National Income)은 6만 360달러로 세계 11위이므로 당연히 선진국이라 할 수 있습니다.

그러나 일반적으로 '선진국'이라는 용어는 '선진 공업국'의 의미로 사용하는 경우가 많습니다. 오스트레일리아의 수출 품목을 보면 1위 철광석(25%), 2위 석탄(14.3%), 3위 액화천연가스(6.7%), 4위 금(비화폐용, 5%), 5위 육류(4.3%)입니다. 무역 통계를 보면 도저히 선진 공업국이라고 부를 수 없는 나라입니다.

오스트레일리아의 주요 산업은 농·목축업과 광업입니다. 오스트레일리아와 같은 신대륙 국가의 농·목축업은 대개 광활한 토지를 바탕으로 고도로 기계화된 형태로 이루어집니다. 참고로 각국의 농업 종사자 1인당 경지 면적을 보면 캐나다 202.6 ha, 미국 168.2ha, 아르헨티나 107.6ha 등에 비해 오스트레일리아는 860.3ha로, 정말 놀라운 규모라는 사실을 알 수 있습니다. 광업 현황을 보면, 광물 자원 수출 통계에서 오스트레일리아의 철광석과 보크사이트는 세계 1위, 동광은 세계 3위, 니켈 광석은 세계 4위를 점하고 있습니다. 이러한 자원을 무기로 오스트레일리아는 광물·금속 자원의 세계 최대 수출국이 되었습니다. 그 밖에도 수출이 활발한 자원으로는 세계 1위인 석탄과 세계 5위인 천연가스가 있습니다.

공업이 발달하지 않은 2가지 이유

풍부한 자원 보유국임에도 불구하고 오스트레일리아는 왜 공업이 발달하지 않았을까요?

첫째, 국내 시장 규모가 작습니다. 오스트레일리아 인구는 약 2,400

오스트레일리아의 자원 산지와 대도시

룸정글 광산△ □
고부 광산
웨이파 광산

포트헤들랜드
댐피어
마운트웨일백 광산
마운트톰프라이스 광산
글래드스톤
모우라 탄전
캘굴리 광산
브로컨힐 광산
브리즈번
퍼스
아이언노브 광산
뉴캐슬
애들레이드
시드니
시드니
탄전
멜버른
호바트

| △ 우라늄 | ▲ 석탄 | □ 보크사이트 | ┼┼┼ 철도 |
| ▽ 금 | ■ 철광석 | △ 연철 | ● 공업 도시 |

만 명밖에 되지 않아 만약 국내에서 자동차를 생산, 판매한다고 하면 국내 시장이 금세 포화 상태에 빠지게 됩니다.

둘째, 자원 산지와 대도시가 떨어져 있습니다(위의 지도 참조). 북서부의 마운트웨일백이나 마운트톰프라이스 등 광산 지역, 북부의 웨이파, 고부 등 보크사이트 광산, 동부의 그레이트디바이딩산맥의 동쪽 기슭에 있는 모우라 탄전 등이 오스트레일리아의 자원 산지로 잘 알려진 곳입니다.

한편, 오스트레일리아의 대도시는 동부에서 시작, 남동부와 남서부에 집중되어 있습니다. 왜 그렇게 되었을까요? 150페이지 도표는 오스트레일리아의 등우량선도*입니다. 위쪽이 1월, 아래쪽이 7월입니다. 오스트레일리아의 중앙부에 넓은 건조 지대가 펼쳐져 있습니다. 사실 오스트레일리아 대륙의 57.2%가 건조 기후 지역입니다. 이 수치는 모든 대륙을 통틀어 오스트레일리아가 가장 건조한 대륙이라는 사실을 말해 주는 것으로, 이 지역의 삼림 면적 비율은 16%에 불과합니다.

중앙 지역은 건조하기 때문에 농업 경영이 어려울 뿐더러 식량 공급량도 적습니다. 따라서 인구가 늘지 않습니다. 중앙 지역의 인구가 적은 이유로는 과거 영국에 의한 식민지 개발의 거점인 연안 지역에 사람들이 모여 살았던 것도 들 수 있습니다. 어떤 재난 상황에서도 연안 지역이라면 재빨리 본국으로 돌아갈 수 있었기 때문에 사람들이 모여 살았을 것입니다.

오스트레일리아는 약 770만㎢에 달하는 광활한 국토 면적을 갖고 있습니다. 지도상으로는 가깝게 보이지만 대도시가 집중된 남동부로부터 광산이 집중된 북서부까지는 실제로 대단히 먼 거리입니다. 철광석과 석탄을 한 곳에 모아 철강업을 부흥시키려고 해도 광산과 탄전의 물리적 거리가 너무 멉니다. 국내의 풍부한 광산 자원을 이용하고 싶어도 육상 수송비가 너무 많이 들어 문제가 되는 것입니다. 따라서 오스트레일리아는 다른 공업 선진국과 같이 제조업이 주력 산업으로 되기는 어

---

* 강우량이 같은 지점을 연결하여 이은 선을 그려 우량(雨量)의 분포를 표시한 일기도

오스트레일리아의 1년 중 강수량

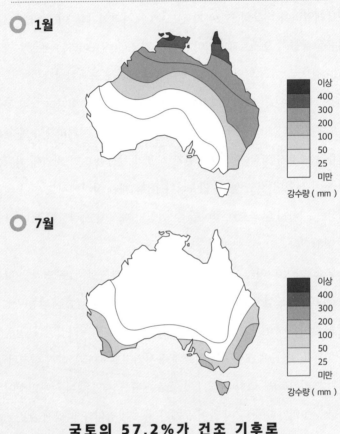

○ 1월

이상
400
300
200
100
50
25
미만

강수량(mm)

○ 7월

이상
400
300
200
100
50
25
미만

강수량(mm)

국토의 57.2%가 건조 기후로
사람이 거주할 수 있는 곳이 제한적

럽습니다. 자동차를 생산하는 세계 39개국 중에서 오스트레일리아의 생산 대수는 31위입니다. 자동차 재료가 되는 조강 생산량도 조강 생산국 63개국 중 28위입니다. 이처럼 오스트레일리아는 제조업이 그다지 발달하지 않았기 때문에 단순 노동자나 저임금 노동자의 일자리를 마련해야 할 필요성이 없습니다.

반면 오스트레일리아로 오는 이민자 중에서는 은퇴한 해외 이주자나 부유층이 많아서 그들을 대상으로 하는 정책을 펼치기는 쉽습니다. 실제로 1985년 이후 엔화 가치가 오르면서 많은 일본인이 오스트레일리아로 이주했습니다. 오스트레일리아의 최저임금 수준은 일본이나 미국의 약 2배입니다. 당연히 물가도 상당히 비쌉니다. 외국 기업이 오스트레일리아의 외식 산업에 진출해서 성공한 사례는 거의 없습니다. 일본의 규동(牛丼 소고기덮밥) 체인점으로 유명한 '요시노야'도 시드니에 출점시킨 두 곳의 점포를 모두 철수시켰습니다. 스타벅스도 오스트레일리아 국내 직영점의 운영권을 오스트레일리아 본토 기업에 매각했습니다.

오스트레일리아의 예에서 보듯 선진국이라고 다 같은 선진국이 아닙니다. 다양한 이유에 의해 선진국이 되는 것입니다.

4,000㎞의 물리적 거리,
미국은 목재 수입국? 수출국?

'국내'보다 가까운 '외국'

알프레드 베버는 그의 저서 『공업입지론』에서 생산비를 최소로 해야 최대의 이익을 얻으며, 특히 수송비를 최소한으로 낮추는 것이 중요하다고 했습니다. 수송비를 낮추는 방법은 여러 가지가 있겠지만, 기본적으로 수송의 물리적 거리를 줄이는 것이 중요합니다.

생산지와 소비지의 물리적 거리를 어떻게 하면 줄일 것인가? 이것이 바로 핵심 요소입니다.

미국에는 메갈로폴리스(Megalopolis)가 있습니다. 메갈로폴리스란 프랑스의 지리학자인 장 고트망이 처음 사용한 용어로 고속 교통망과 통신망으로 연결된 거대한 경제 지역을 일컫습니다. 미국의 메갈로폴리스는 보스턴(Boston)에서 워싱턴(Washington D.C.)까지의 약 960km에 이르는 지역을 말합니다. 각각의 앞부분을 따서 '보스워시(BosWash)'라고 부르는 지역입니다. 보스워시에는 미국 인구의 약 16%가 집중되어 있는데 그 수가 약 5천만 명에 이릅니다. 세계적인 거대 경제권을 형성하고 있지요.

인구가 많은 대도시권에서는 목재 수요도 많습니다. 미국 대도시권의 대표적인 예는 보스워시입니다. 목재는 건축·토목, 종이, 가구·건축 자재, 나무 박스·포장, 땔감 등 다양한 용도로 쓰입니다. 1초당 인쇄·문서용 종이 소비량을 전 세계 단위로 따지면 얼마나 될까요?

정확하게 4톤입니다. A4 용지 1매당 무게가 약 4g이니까 4톤을 A4 용지로 환산하면 100만 매입니다. 선진국의 종이 소비량은 개발도상국보다 훨씬 많습니다. 그러니 선진국인 미국은 세계적으로 종이 수요가 많은 나라일 것입니다. 그렇다면 미국은 이에 필요한 목재를 어디에서 조달하고 있을까요?

미국을 세계적인 삼림 국가라 하지만

미국의 국토 면적 중 삼림의 비율은 33.9%(2013년)입니다. 국토 면적이 대략 983만 km²이므로, 약 326만 4,570km²에 달하는 면적의 삼림을 갖고 있습니다. 이 정도의 삼림 혜택을 누리고 있는 미국도 필요한 목재를 캐나다에서 수입, 충당하고 있습니다.

캐나다는 약 999만 *km*²의 국토 면적에서 삼림 비율이 38.17%(2013년)로 약 381만 *km*²의 삼림 면적을 갖고 있습니다. 미국의 보스워시에서 가까운 캐나다의 온타리오주, 퀘벡주, 뉴펀들랜드주, 래브라도주 등은 임업이 발달한 지역으로 미국에 많은 목재를 수출하고 있지요. 캐나다 삼림의 약 80%는 북방림(北方林)으로, 온대나 아한대(냉대) 기후에서 보이는 삼림입니다. 그 중에서 냉대 기후 지역의 침엽수로만 이루어진 단순림을 '타이가'라고 부릅니다. 타이가는 한 종류의 나무로만 이루어진 단순림이라서 베고자 하는 수종의 판별과 벌채가 쉽기 때문에 여러 종류의 잡림으로 형성된 열대림보다 임업 발달이 수월합니다.

4,000㎞의 물리적 거리

이상의 설명으로는 미국이나 캐나다가 다 같이 비슷한 조건처럼 보일지도 모릅니다. 하지만 미국은 국내산 목재를 동부의 보스워시에서 활용하기가 어렵습니다. 왜 그럴까요? 그 이유는 미국의 삼림 지대 대부분이 서부의 로키산맥 주변, 그리고 남부 지역에 집중되어 있기 때문입니다. 보스워시에서 로키산맥까지는 약 4,000*km*의 물리적 거리가 존재합니다. 상상을 초월하는 공간 스케일이지요.

＊ 한국 국토 면적의 약 38배에 해당한다.

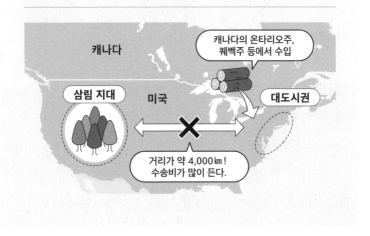

미국이 캐나다 목재를 수입하는 이유

캐나다

캐나다의 온타리오주,
퀘벡주 등에서 수입

삼림 지대

미국

대도시권

거리가 약 4,000km!
수송비가 많이 든다.

　물자 수송의 대표적 수단은 선박입니다. 미국의 경우 물길교통(水運)
의 대동맥은 미시시피강이지만, 이는 중앙을 종단하는 하천이라 동과
서를 잇는 교역로로는 이용할 수가 없습니다. 장거리 수송으로 항공편
을 생각해 볼 수도 있지만, 항공 수송은 우선 운임이 너무 비싸고, 소형
-경량(輕量)의 물자밖에 싣지 못하므로 목재처럼 무겁고 긴 물자의 수
송에는 적합하지 않지요. 게다가 목재는 고가품도 아닙니다. 철도 수송
이나 화물차 수송은 거리에 따라 수송비가 책정되기에 물리적 거리가
가까워야 수송비가 적게 듭니다.

　미국과 캐나다는 멕시코와 더불어 NAFTA 회원국입니다. 기본적으
로 관세가 부과되지 않습니다. 위와 같은 이유로 미국은 보스워시에서

가까운 캐나다의 온타리오주, 퀘벡주, 뉴펀들랜드주, 래브라도주에서
목재를 수입하여 사용하고 있습니다.

미국산 나무의 행방

앞서 언급했듯이 미국에도 삼림은 많습니다. 20세기 초에는 거대한
목재 산업 자본이 탄생하기도 했습니다. 제2차 세계대전 후 미국의 목
재 산업은 흡수·합병에 의해 일부 대기업에 의한 과점 체제로 이행되
면서 임업지를 한 곳으로 모으려는 움직임이 있었습니다. 20세기 이후
임업은 자연림 벌채형에서 인공림 육성형으로 변모합니다. 서부 지역
을 중심으로 국립공원이나 국유림을 지정하는 사례가 증가하기 시작했
습니다.

이처럼 미국의 서부와 남부 지역에서 육성형 임업이 발전하면서 자
연림이 아닌 인공림의 벌채를 중심으로 임업이 발달했습니다. 특히 남
부 지역은 사유림이 많아서 생산 가능한 삼림의 집적지가 되었습니다.
그러나 그 목재를 동부로 수송하기는 어려우므로, 그 대신 태평양 연안
도시에서 아시아 여러 나라로 수출하고 있습니다. 최근의 높은 경제 성
장으로 이들 지역의 목재 수요가 크게 늘어나고 있기 때문이지요. 일본
의 목재 수입국은 1위 캐나다, 2위 미국, 3위 러시아입니다. 미국으로부
터의 목재 수입이 상당히 많다고 할 수 있습니다.

미국은 큰 나라입니다. 미국 내에 "난 나무를 사기 원해!"라고 말하는

사람이 있다면 "팔 나무가 여기 있어!"라고 말하는 사람도 있기 마련입니다. 그러나 그들은 그 사이에 놓인 난관 때문에 서로 만날 수가 없지요. 가장 큰 이유는 미국의 국토 면적이 매우 넓어서 물리적 거리가 멀기 때문입니다.

항공 산업
– 브라질과 유럽 간 뜻밖의 접점

거국적으로 육성한 항공기 산업

브라질은 철광석, 보크사이트 같은 광물 자원이 풍부할 뿐 아니라, 수자원의 혜택도 입고 있으며, 소고기(소 사육 마릿수 세계 최대), 설탕(사탕수수 생산량 세계 최대), 콩(생산량 세계 2위), 최근에는 바이오 에탄올(주원료가 사탕수수) 생산도 활발합니다. 그런데 브라질에 항공기 제조회사가 있다는 사실을 아십니까? 그 회사의 이름은 엠브라에르(Embraer)입니다.

1969년 엠브라에르는 국영기업으로 탄생했습니다(현재는 민영기업). 원래는 브라질 공군을 위한 군용기를 제조했으나 지금은 소형 여객기 제조에 힘을 쏟고 있습니다. 캐나다의 봄바디어(Bombardier)와 함께 이 분야의 세계 시장을 양분하고 있지요. 대형 여객기 제조사로는 미국의 보잉, 프랑스의 에어버스가 유명합니다.

항공기 제조는 고도의 기술력을 필요로 합니다. 브라질은 항공기 산업을 위한 인재 육성을 목적으로 국립 공과대학 항공기술연구소를 설립했습니다. 앞서 말한 바와 같이 엠브라에르와 봄바디어 모두 출발은 국영기업이었습니다. 국가 차원에서 항공기 산업의 발전을 뒷받침해 주었지요. 민영화 이후, 엠브라에르는 소형 여객기 제조에 더욱 박차를 가하고 있습니다. 소형 여객기는 리저널 제트(Regional Jet)라고도 불리는데 좌석 수는 대개 50~100석입니다. 소형이므로 활주로가 짧은 소규모 공항에서도 이용이 가능하다는 장점이 있습니다.

자동차 생산은 외국 기업이

2000년대 중반 이후 브라질의 자동차 생산량은 계속 증가하는 추세입니다. 2000년 168만 대에서 2013년 371만 대까지 늘었습니다. 국민 1인당 소득이 늘어나면서 자동차 생산 대수도 함께 증가하고 있습니다. 그리고 국내 시장을 보호하기 위해 자동차 및 자동차 부품의 수입에는 비싼 관세를 부과하고 있습니다. 그래서 브라질에서 생산되는 자동차의 대부분이 브라질에 진출한 외국 자동차 기업의 공장에서 제조됩니다. 말하자면 현지 생산 시스템이라고 할 수 있지요. 브라질에는 피아트, 폭스바겐, 제너럴모터스(GM), 포드 등 유럽과 미국의 자동차 기업이 진출해 있습니다. 이처럼 자동차 생산은 외국 자동차 기업에 의한 현지 생산이 중심이지만, 항공기 제조는 국내 기업이 맡아서 하고 있습니다. 이러한 점이 브라질 제조업의 특징입니다.

항공동맹의 등장으로 시장 판세가 바뀌다

필자는 업무상 비행기를 이용할 때가 많습니다. 주로 일본항공(JAL)을 이용하는데 비행 중 기내방송으로 "오늘 원월드의 멤버인 일본항공을 이용해 주셔서 대단히 감사합니다"라는 멘트를 듣게 됩니다. '원월드(Oneworld)'는 항공동맹 중 하나의 명칭입니다. 항공동맹은 복수의 항공사가 연합하여 결성한 조직을 말합니다. 제휴 항공사에 의해 공동 운항(코드셰어, codeshare)과 마일리지 서비스의 공유가 이루어집니다. 마일리지 서비스의 공유란 이를테면 일본항공의 마일리지를 가지고 원월드의 다른 제휴 항공사 비행기를 이용할 수 있다는 의미입니다. 항공동맹에는 현재 3개 연합이 있습니다. 스타얼라이언스(Star Alliance), 스카이팀(Skyteam) 그리고 원월드가 그것입니다. 일본 항공사인 아나(ANA)는 현재 스타얼라이언스에 가입되어 있습니다.[*]

항공동맹의 등장 이후, 허브 앤 스포크(Hub and Spoke) 노선의 정비가 착착 진행되고 있습니다. 허브 앤 스포크란 거점 공항(허브 공항)과 각 도

---

[*] 한국의 대한항공(KAL)은 스카이팀, 아시아나는 스타얼라이언스에 가입되어 있다.

시의 공항을 방사선 형태(스포크)로 연결하는 것을 말합니다. 물론 모든 도시를 연결하지는 않습니다. 허브 앤 스포크 노선은 다음과 같이 진행됩니다. 각 항공동맹이 한 공항을 허브 공항으로 정합니다. 이 허브 공항으로 주변 공항을 이용하는 항공편을 모두 모으지요. 주변 공항의 항공편은 동일한 항공동맹에 가입한 항공사의 것으로, 이때는 소형 여객기를 이용합니다. 그리고 모인 승객을 또 다른 허브 공항으로 수송할 때는 대형 여객기를 이용합니다. 그러면 공항의 배후지(Hinterland : 항만 및 도시의 경제권에 포함된 배후 지역)에 거주하는 인구를 넘는 수요층이 확대되기에 허브 공항은 굳이 대도시일 필요가 없습니다. 이렇듯 허브 앤 스포크 노선이 정비되면서 수송 효율이 향상되고, 수송량도 크게 증가하는 결과를 낳았습니다.

EU 역내에 소형 여객기 수요가 늘어나다

2018년 6월 현재 EU 회원국은 총 28개국입니다. 셰겐 조약*에 따라 EU 역내에서는 사람의 이동이 자유로워 어디든 갈 수 있습니다(일부 참가하지 않는 나라도 있음). 그 덕분에 EU 내의 허브 앤 스포크 노선이 확충되었습니다. 따라서 소형 여객기 수요가 늘어나고, EU 역내의 항공 자유화가 이루어지면서 항공 운임도 내렸습니다. 1993년 공동 항공 정책

---

* Schengen Agreement : 1985년 6월 독일, 프랑스, 룩셈부르크, 벨기에 등 주요 유럽연합 회원국 간에 체결된 국경 개방 조약으로, 총 26개국이 서명하였다.

에 힘입어 저가항공(LCC : Low Cost Carriers)의 눈부신 성장이 이루어졌고, 2010년에는 저가항공이 EU 전체 항공 시장의 약 40%를 차지하기에 이릅니다. 공동 항공 정책으로 EU 공동 면허가 도입되고, 운임 자유화와 관련된 제한이 철폐되면서 항공사의 신규 참가도 촉진되었습니다.

LCC가 등장하면서 대형 항공사와의 가격 경쟁이 야기되고, 그에 따라 평균 운임도 낮아졌습니다. 따라서 허브 앤 스포크 노선의 정비가 가속화되었지요. 브라질의 소형 여객기(리저널 제트기)의 생산이 활발하게 된 데에는 위와 같은 보이지 않는 배경이 숨겨져 있습니다.

항공기로 연결하는 유럽과 브라질

○ 항공동맹의 등장으로 허브 앤 스포크 노선 확대

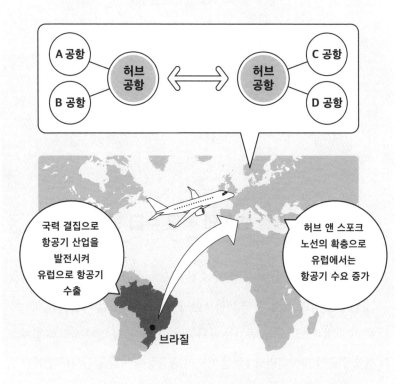

유럽과 브라질은
항공기의 수요와 공급이 일치했다!

23

14억 중국 인구 먹여 살리기

식생활 변화와 곡물 수급 현황

1979년 중국은 '한 가정 한 자녀 정책*'을 천명했습니다. 계속 늘어나는 인구를 먹여 살릴 식량을 확보할 수 없다는 위기감 때문이었지요. 한 자녀 정책으로 인구 증가는 둔화되었지만 최근의 경제 성장과 함께 생활 수준이 향상되면서 1인당 칼로리 공급량과 지방 공급량이 증가하는 경향을 보이고 있습니다.

---

* 일부 소수 민족의 경우를 제외하고 한 쌍의 부부가 한 명의 자녀만 출산한 경우에 한해 국가 혜택을 부여하는 정책이다.

육류와 유제품 수입의 급증

다음 166페이지의 그래프 중 상단의 것은 중국의 1인당 칼로리 공급량, 단백질 공급량, 지방 공급량의 추이를 나타낸 것입니다. 1990년 기준(100.0)으로 지난 약 20년간 칼로리 공급량은 1.2배, 단백질 공급량은 1.5배, 지방 공급량은 1.8배가 증가했습니다.

이제 중국에서 식료품의 안정적 공급은 매우 중요한 사안으로 등장했습니다. 중국의 농림수산물 무역의 추이(166페이지 아래 그래프)를 살펴보면, 2007년까지는 흑자였지만 2008년부터는 큰 폭의 적자로 돌아섰음을 알 수 있습니다. 그리고 그 적자의 주요인은 동물성 생산품의 수입 초과입니다.

1995년과 2015년의 수입액을 비교해 보면 1995년을 100으로 할 때, 2015년에는 육류 6,950, 유제품 5,333, 수산물 1,080으로 크게 늘었습니다. 이밖에도 곡물 283, 야채·과실 5,235, 가축용 사료 1,181, 동식물성 유지류 309로 그간 중국인의 식생활이 크게 변화했다는 사실을 알 수 있습니다.

중국이 세계 제일의 양돈 국가가 된 까닭

여기서는 중국의 콩(대두 大豆)에 초점을 맞추어 보겠습니다.

중국의 대두 생산은 3대 생산국인 미국, 브라질, 아르헨티나에 이어

중국의 식료품 사정과 무역 현황

⬤ 중국의 1인당 칼로리 공급량, 지방 공급량, 단백질 공급량

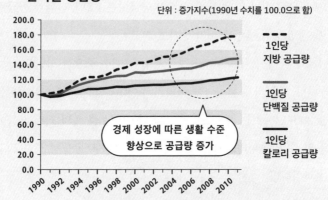

단위 : 증가지수(1990년 수치를 100.0으로 함)

- 1인당 지방 공급량
- 1인당 단백질 공급량
- 1인당 칼로리 공급량

경제 성장에 따른 생활 수준 향상으로 공급량 증가

⬤ 중국의 농림수산물 무역 추이

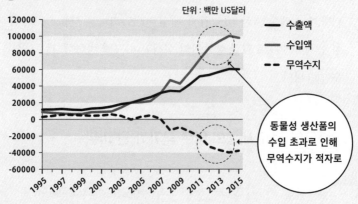

단위 : 백만 US달러

- 수출액
- 수입액
- 무역수지

동물성 생산품의 수입 초과로 인해 무역수지가 적자로

세계 4위를 마크하고 있습니다. 그런데 2000년 이후에는 대두의 수입 초과가 계속되고 있습니다. 중국의 농림수산물 무역 전체에 수입 초과를 초래한 큰 원인 중 하나입니다. 1990년 이래 20년간 대두 생산량은 약 1.5배 늘었습니다. 그런데 대두의 국내 공급량은 무려 5배 가량 늘었습니다. 이는 곧 수입량이 급증했음을 말해 줍니다. 그리고 이 기간에 중국 경제도 급성장했습니다. 생활 수준이 향상되면 일반적으로 식생활이 향상되고, 육류나 유지류의 소비량도 늘어납니다.

앞서 중국의 육류 소비량이 급증했다고 했는데 그와 더불어 국내 육류 생산량도 증가했습니다. 놀랍게도 중국의 돼지 사육 마릿수는 전 세계의 48.7%나 차지합니다. 전 세계 1천 마리의 돼지 가운데 중국산 돼지가 487마리라는 얘기입니다. 실제로 중국의 돼지 사육 마릿수는 4억 7,592만 마리나 됩니다. 그밖에 소 1억 1,350만 마리(세계 3위), 양 1억 8,270만 마리(세계 1위), 염소 1억 7,500만 마리(세계 1위), 닭 47억 4,200만 마리(세계 1위)로 중국은 세계 최대 축산 국가입니다. 사정이 이렇다 보니 사료용 대두의 수요가 많아질 수밖에 없습니다. 식용유 수요 역시 증가함에 따라 그 원료인 대두의 수요가 급증한 것도 대두 수입 초과에 한몫하고 있습니다.

중국의 국내산 대두 값이 비싼 이유

실은 비싼 국내산 대두 가격도 대두 수입 증가의 원인 중 하나입니

대 두 와 양 돈 의 관 계

생활 수준의 향상으로 육류 소비가 증가하여
세계 1위의 양돈 국가가 되다.

그 결과

사료가
더 필요해.

동 물 사 료 로 사 용 되 는 대 두 수 요 급 증 으 로

대 두 수 입 이 증 가

다. 중국의 쌀과 밀의 국내 판매 가격은 국제 가격의 수준과 거의 차이
가 없습니다. 하지만 옥수수와 대두의 값은 국제 가격 수준을 웃돌며,
특히 대두는 가격 차이가 상당히 큽니다. 2015년은 세계적으로 대두
풍년이어서 국제 가격이 상당히 낮아졌습니다. 대두 1㎏을 생산하는
데 필요한 물의 양, 이른바 대두 1㎏의 가상수*는 쌀과 비슷한 수준입니
다. 대두를 생산하려면 그만큼 많은 물이 필요하고 대두 수요가 급증할
수록 농업용수의 확보에 어려움을 겪게 됩니다.

---

* virtual water, 어떤 제품을 생산하는 데 필요한 물의 양을 가리킨다.

현재 중국에서는 공업 발전과 도시화가 진척되면서 각 지역에서 물의 수요가 급증하고 있습니다. 공업용수, 농업용수를 막론하고 도시와 농촌 사이에 수자원 쟁탈전이 벌어지고 있습니다. 어쨌든 수자원에는 한계가 있고, 이런 점에서 대두 생산의 확대는 매우 어려운 상황이지요. 결국 중국은 전 세계 대두 생산량의 20%에 달하는 양을 수입할 수밖에 없는 처지가 된 것입니다.

누가 중국에 대두를 공급할까?

한 나라가 있습니다. 2014년도 통계 자료에서 이 나라의 무역 상대국을 무역액 순서로 보면 1위 중국, 2위 미국, 3위 아르헨티나입니다. 이 나라는 과연 어디일까요? 바로 브라질입니다.

브라질은 수출입 모두 최대 무역 상대국이 중국입니다. 최근 들어 브라질과 중국과의 관계는 더욱 긴밀해지고 있습니다. 브라질의 대 중국 수출품 중 대두와 철광석은 전체의 약 70%를 차지합니다. '세계의 공장'이라는 중국을 상대로 브라질은 원재료 공급국 역할을 하고 있는 셈입니다. 이와 비슷하게 오스트레일리아는 중국에 철광석과 석탄을 많이 수출하고 있습니다.

중국은 브라질로부터 대두를 가장 많이 수입합니다. 이전에는 미국에서 가장 많이 수입했지만 리스크를 줄이려는 목적으로 근래 들어 브라질로부터의 수입을 늘렸습니다. 대두의 원산지는 중국입니다. 브라질이 대두를 생산하기 위해서는 기후 조건에 맞춰 품종을 개량할 필요가 있었습니다. 미국에서 품종 개량에 성공한 대두를 기후 조건이 비슷한 브라질 남부에 옮겨 심은 지 얼마 뒤부터 대두 생산이 시작되었습니다.

일본의 기술로 생산량을 100배로!

브라질에서 대두는 밀의 2차 작물*로 재배됩니다. 그러나 재배에 최적의 기후 조건인 남부 지역은 대도시가 밀집되어 있는 곳이라 넓은 농경지를 확보할 수 없었습니다. 생산 확대를 위해 새로운 농경지를 찾아야 할 필요성이 있었지요. 브라질 정부는 1979년부터 캄포세라도(Campo Cerrado)라고 불리는 사바나 지대의 개발에 착수합니다. 이는 국가 프로젝트였습니다.

사바나 지대는 열대 토양이므로 강산성을 띠고 있는데다 알루미늄이 대량으로 함유되어 있어 우선 토질 개량부터 해야 했습니다. 동시에 품종 개량과 재배 기술의 개선을 위해 외국과의 농업 기술 협력도 이루어져야 했지요. 이 때 도움을 준 나라가 일본입니다. 이 프로젝트는 '브라질판, 녹색 혁명'이라고 불렸고, 불모지였던 캄포세라도를 세계적 농업 지대로 변모시켰습니다. 프로젝트는 2011년까지 지속되었습니다.

---

* 주요 작물을 수확한 후, 다음 파종까지의 기간을 이용해 심는 작물을 말한다.

캄포세라도의 대두 생산은 1975년 대비 2010년에는 약 100배로 급증했습니다.

2001년 중국이 세계무역기구(WTO : World Trade Organization)에 가입함으로써 농산물 시장의 자유화가 활발해졌다는 점, 그리고 곡물 생산에 메이저 자본이 참여하게 되었다는 점도 중국의 대두 수입이 증가된 요인입니다.

브라질은 중국의 대두 수요를 충족시키는 중요한 나라 중 하나입니다. 물론 생산이 급격하게 확대되면 벌채가 남발되고 삼림이 크게 손실됩니다. 그 결과로 원주민이 토지 소유권을 빼앗기기도 합니다. 브라질의 대두 생산에는 이처럼 부정적인 측면도 있다는 사실을 잊어서는 안 되겠지요.

중국의 투자를 끌어 모으는
탄자니아의 잠재력

현재 중국이 가장 주목하는 나라

중국은 아프리카의 여러 나라에 거액의 경제 원조를 하고 있습니다. 그 이유는 무엇일까요?

여기서는 중국의 대 아프리카 전략, 그 중에서도 특히 탄자니아에 대한 전략에 주목하고자 합니다. 중국의 아프리카 경제 원조는 1960년대 후반부터 시작되었는데, 그 발단은 '탄잠철도'였습니다. 탄잠(탄자니아-잠비아)철도는 콩고 공화국에서 남쪽의 잠비아까지 걸쳐 있는 동광상 지대(코퍼벨트, copper belt)에서 산출되는 구리를 운반하기 위해 건설되었습니다. 잠비아의 카피리음포시와 탄자니아의 다르에스살람을 연결하는 철도입니다. 이 철도가 건설된 경위는 다음과 같습니다.

1925년 코퍼벨트에서 구리가 발견되었습니다. 북(北)로디지아(현재의 잠비아)에서 산출된 구리는 철도를 이용해 남(南)로디지아(현재의 짐바브웨)를 경유해 남아프리카연방(현재의 남아공)의 항만으로 수송되었습니다. 1964년 북(北)로디지아는 잠비아로, 1965년에는 남(南)로디지아가 로디지아 공화국(현재의 짐바브웨)이라는 이름으로 각각 독립합니다. 하지만 로디지아 공화국은 남아공처럼 아파르트헤이트(인종 격리 정책)를 실시했기 때문에 경제 봉쇄 조치를 당했습니다.

잠비아는 예나 지금이나 구리에만 의존하는 모노컬처 경제의 나라이므로, 이 조치에 따른 경제적 타격이 매우 컸습니다. 이것이 바로 모노컬처 경제의 치명적인 약점입니다. 경제적 타격을 극복하기 위해 잠비아는 경제 봉쇄 조치를 당한 로디지아 공화국을 통과하지 않는 구리의 수송로를 만들어야 했고, 이것이 탄잠철도 건설의 시작이었습니다. 이때 중국은 4억 320만 달러의 무이자 차관과 함께 약 2만 5천 명의 중국인 노동자를 보내 주었습니다. 여기에 현지 노동력도 약 5만 명이 투입되어 1976년에 철도가 완공될 수 있었습니다.

중국이 아프리카 투자에 열을 올리는 3가지 이유

중국의 아프리카 경제 원조는 상당히 오래 전부터 이루어졌고, 최근에는 원조액을 더욱 늘리고 있습니다. 그러나 다른 선진국에 비하면 아직은 적은 편입니다. 1956년 이후 지금까지 중국의 아프리카 경제 원조액 규모는 440억 위안(1위안은 약 170원)으로 일본의 절반 정도입니다. 중국이 아프리카에 대해 적극적으로 힘을 쏟는 분야는 투자와 무역입니다. 중국의 대 아프리카 수출액은 2002년에 50억 달러였는데, 2008년에는 500억 달러로 확대되었습니다. 또한 중국은 아프리카의 자원 개발에도 활발하게 투자하고 있습니다.

중국은 자원이 빈약한 나라에 대한 원조액을 늘리고 있습니다. 이는 대만에 대항하려는 전략의 일환으로 정치적, 외교적 목적을 가진다고 할 수 있습니다. 말하자면 베이징 정부만 중국의 정통 국가로 인정해 달라는 것이지요. 그 결과 아프리카 국가 중 대만을 정식 국가로 인정하는 나라는 54개국 중 두 나라뿐입니다. 중국의 아프리카 대륙에 대한 경제 원조는 사실상 외교의 일환이며, 이를 기반으로 중국 기업은 아프리카 자원 획득을 노리고 있습니다.

아프리카에서 팔리는 중국제 자동차

중국은 아프리카를 중요한 수출국으로 삼아 아프리카 시장 개척에도 힘쓰고 있습니다. 세계 최대의 자동차 생산 규모를 자랑하는 중국이지만, 대부분은 거대한 국내 시장에서 소비되고 있습니다. 자동차 수출은 아직 미미하여 총생산 대비 수출의 비율은 2000년 2%, 2013년 4%밖에 되지 않았습니다. 2013년의 수출 대수는 고작 95만 대였습니다.

중국이 아프리카를 원조하는 3가지 이유

1 자원 개발을 위한 투자
2 대만 견제 전략(대만을 정식 국가로 인정받지 않게 하겠다)
3 아프리카 시장 개척을 위한 포석

중국제 자동차는 일본, 미국, 독일, 프랑스의 자동차에 비해 성능은 떨어지지만 가격이 낮아 아프리카에서 시장 점유율이 큰 편입니다. 중국의 경제 성장은 최근 십 수 년 동안 급속히 이루어진 것으로 아직 중국 기업은 해외 비즈니스 경험이 부족하지요. 중국 정부가 앞장서서 기업의 해외 투자를 지원하는 까닭이 여기에 있습니다.

지속적으로 발전하는 탄자니아

탄자니아의 외국인 직접 투자액을 보면 영국(한때 탄자니아는 영국의 식민지였음)에 이어 중국이 2위입니다. 특히 중국의 경우 제조업 투자가 전체의 70%를 차지하는데, 중국 기업은 도로, 교량, 가스 파이프라인, 항만 건설 같은 사회자본(인프라) 정비 사업을 주로 수주하고 있습니다. 중국은 탄자니아에게 꼭 필요한 경제 파트너입니다. 2014년 현재 중국은 탄자니아의 수출 대상 4위, 수입 대상 3위의 나라입니다. 그러나 다른 편으로는 값싸고 질 떨어지는 중국 제품에 대한 불만의 소리도 큽니다. 따라서 앞으로 다른 나라들이 그 틈새를 뚫고 진출할 가능성도 있겠지요.

탄자니아는 케냐, 우간다, 르완다, 부룬디, 남(南)수단과 더불어 미래의 단일 통화 채택과 같은 지역 통합을 위해 동아프리카 공동체(EAC : East African Community)를 결성하고, 그 시작으로 관세동맹을 발족시켰습니다. 동아프리카 공동체는 EU와 EPA(경제동반자협정)를 맺는 등 앞으로의 경제 활성화가 기대되고 있습니다. 이를 배경으로 탄자니아는 사하라 이남 아프리카(Sub-Saharan Africa, 북아프리카를 제외한 아프리카 국가들)의 평균을 웃도는 경제 성장을 달성하고 있습니다. 1964년 건국 당시 1,140만 명의 인구가 현재 5,229만 명(2015년)으로 증가했고, UN 추계에 따르면 2050년에는 약 1억 4천만 명까지 증가할 것으로 전망되고 있습니다.

근래의 경제 성장에 힘입어 국민 1인당 구매력이 높아지고 또 거기에 인구 증가까지 더해지면 앞으로 탄자니아는 대단히 매력적인 시장이 될 것으로 예상됩니다. 탄자니아는 광물 자원뿐 아니라 농축산물 등의 원재료도 풍부합니다. 당연히 값도 싸지요. 동아프리카 공동체 덕분

탄자니아는 유망한 투자처일까?

탄자니아

1 풍부한 광물 자원
2 건국 후 인구가 5배로 증가
3 외국 자본의 투자에 협조적

에 미국이나 EU로의 수출에는 관세도 부과되지 않습니다.[*]

탄자니아 정부는 최우선 정책 과제로 외국 자본의 유치를 내걸고 있습니다. 따라서 외국인의 국내 투자에 매우 협조적입니다. 앞으로 새로운 투자 대상국으로 탄자니아를 고려해 보는 것은 어떨까요?

---

* 동아프리카 공동체를 포함한 아프리카 38개국은 미국과 아프리카 성장기회법(AGOA : African Growth and Opportunity Act)을 맺고 있어 대미 수출은 무관세 혜택을 받고 있다.

무역 흑자,
그래도 경제 발전이 안 되는 메커니즘

풍부한 자원을 가진 나이지리아

독일의 기상학자 알프레드 베게너는 '대륙이동설'을 주장했습니다. 남미대륙 동쪽 해안선과 아프리카대륙 서쪽 해안선의 요철(凹凸) 부분이 일치한다는 가설에서 비롯되었지요. 남미대륙과 아프리카대륙, 아라비아반도, 인도아대륙(인도 반도라고 하며 인도, 파키스탄, 방글라데시, 네팔, 부탄 등의 나라로 이루어진 지역), 오스트레일리아대륙, 남극대륙이 '하나의 대륙(곤드와나 대륙, Gondwana land)'이었던 까마득히 먼 시대에, 나이지리아는 오늘날 남미대륙의 북동부 주변과 육상으로 이어져 있었다고 추정됩니다.

남미대륙의 북동부에 위치하는 베네수엘라는 세계적인 산유국으로, 세계 최대의 원유 매장 국가입니다. 그 때문인지 나이지리아도 석유 생산량이 세계 13위(2015년)로 석유수출국기구(OPEC)에 가입되어 있습니다.

OPEC은 1960년에 결성된 기구로, 석유의 채굴에서 판매까지 주관하는 국제 석유 자본(오일 메이저)으로부터 산유국의 이익을 지키기 위해 결성된 국제기구입니다. 이해관계가 일치하는 산유국끼리 모여 당시 오일 메이저가 가지고 있던 국제 원유 가격 결정의 주도권을 빼앗고 전세계의 석유 공급에 대한 영향력을 장악하려는 것이 그 목적이었지요. 이처럼 자국의 경제 발전을 위해 자국 자원을 이용하려는 생각을 '자원 내셔널리즘(자원 민족주의)'이라고 부릅니다. 나이지리아의 수출 품목 구성을 보면 1위 원유 82.8%, 2위 천연고무 2.7%, 3위 석유 제품 2.7%, 4위 카카오 콩 2.2%, 5위 천연가스 2%입니다. 즉 원유 의존도가 압도적으로 높은 수출 구조라 할 수 있습니다.

원유를 둘러싼 내전 발발

나이지리아는 과거 큰 내전을 겪었습니다. 1967년에 발발한 비아프라(Biafra) 전쟁이 그것입니다. 이는 원유를 둘러싼 내전이었지요.

나이지리아 최대의 유전은 남부의 포트하커트에 있습니다. 이곳에 이보(Igbo)족이라는 기독교도가 많이 거주하고 있습니다. 남동부 지역은 여기서 산출되는 원유 덕분에 공업화가 진행되면서 타 지역과 경제적 격차가 커지게 되었습니다. 이 지역 사람들은 앞으로 자기 지역의 자산을 독점하고, 세금 징수를 독자적으로 관리하겠다고 결정한 후, '비아프라 공화국'이란 이름을 걸고 독립을 선언합니다. 나이지리아 연방군은 비아프라를 포위하여 상대의 군량을 고갈시키는 작전을 폅니다. 전쟁은 '칼이 부러지고, 화살이 떨어지면' 끝나는 법이라고 하지요. 하지만 비아프라 전쟁은 장기화되었습니다.

대리전쟁의 결과, 프랑스는 원자력 의존 체제로

나이지리아 연방을 지원한 세력은 구 식민지의 변화를 달가워하지 않는 영국(나이지리아는 예전에 영국의 식민지)과 아프리카대륙에 대한 영향력을 강화하려는 소련이었습니다. 한편 비아프라 공화국을 지원한 세력은 프랑스와 남아공이었습니다. 이 두 나라는 석유에 관심이 많았으니까요. 비아프라 공화국이 독립에 성공하면 우선적으로 원유를 수입하게 되길 바랐던 것입니다. 프랑스는 자원이 빈약하고, 남아공도 당시 아파르트헤이트 정책으로 금수조치를 당하고 있어서 두 나라 모두 원유의 확보가 시급했습니다.

1970년 1월 9일 전쟁은 비아프라 공화국의 항복으로 끝났습니다. 전쟁에서 이보족과 대치한 것은 북부의 하우사(Hausa)족과 남서부의 요루바(Yoruba)족이었습니다. 그들은 모두 이슬람교도였습니다. 당시 나

이지리아의 수도는 라고스*였습니다. 전쟁에 참가한 민족의 세력권 안에 수도가 위치하면 새로운 분쟁의 씨앗이 될지도 모른다고 우려한 나이지리아는 수도를 국토의 중앙부에 있는 아부자(Abuja)로 옮겼습니다. 한편 비아프라 전쟁 이후 제1차 오일쇼크(1973년)를 계기로 프랑스는 원자력발전에 더욱 힘쓰고 있습니다.

최대 무역국이 미국에서 인도로 바뀌다

이처럼 나이지리아는 원유로 몸살을 앓았습니다. 그러나 지금도 나이지리아에게 원유는 중요한 수출 품목입니다. 나이지리아 원유의 최대 수출국은 인도입니다. 이전에는 미국이 최대 수출국이었지만 미국이 셰일오일 생산을 늘리는 바람에 단골 거래처를 변경할 수밖에 없었습니다.

2013년 4월 나이지리아 석유장관은 '셰일오일 혁명은 OPEC에 위협이 될 것!'이라고 선언했습니다. 나이지리아산 원유는 저유황원유(유황과 황화수소의 함유량이 적은 원유)로 좋은 품질을 갖추고 있지만, 셰일오일역시 품질이 좋기 때문에 셰일오일로 수요 대체가 일어나게 되었습니다. 이런 사정으로 나이지리아는 인도로의 수출을 증대시킬 수밖에 없었습니다. 인도는 2040년 세계 최대의 원유 수입국이 될 것으로 전망

---

* Lagos, 나이지리아 남부 기니만에 있는 항구 도시로, 요루바족이 우세한 지역이다. 현재 나이지리아의 최대 도시이다.

할 만큼 시장 잠재력이 매우 높은 나라입니다.

정국 불안정, 빈부 격차, 다민족의 벽

나이지리아의 무역수지를 살펴보면 수출 1,140억 달러에 수입은 357억 달러로, 압도적인 수출 초과를 보이고 있습니다(2012년). 수출로 얻은 수익을 수입 대금으로 사용하지 않고 있다는 뜻이지요. 오랫동안 정국이 불안정한데다 원유 수출로 획득한 수입을 일부 특권 계급이 독점하고 있기 때문에 수출 대금의 용도가 제대로 알려져 있지 않습니다. 국내 산업의 육성이나 인프라 정비, 빈곤 대책 등이 제대로 추진되지 않고 있는 배경이 바로 여기에 있습니다.

빈부 격차가 제대로 시정되지 않으니 국내 시장이 확대되지 못하고 수입도 늘어나지 못합니다. 나이지리아 국민의 약 60%는 빈곤층이라고 합니다. 고등 교육 수준은 높지만 취업 기회가 없기 때문에 고등 교육을 받은 졸업생의 대부분이 실업 상태입니다. 초등 교육 역시 취학률이나 문자 해독률이 70%밖에 되지 않는다는 문제가 있습니다. 빈곤으로 말미암은 범죄도 많습니다.

나이지리아는 아프리카에서 가장 인구가 많은 나라이므로 경제 수준이 높아지면 시장 규모도 그만큼 커질 것입니다. 최근에는 경제 다각화가 추진되면서 석유 산업 이외의 산업도 나타나기 시작하고 서비스업이나 금융업, IT 산업, 제조업의 성장도 눈에 띕니다. 과거 영국 식민

지였던 나이지리아의 공용어는 영어입니다. 정국만 안정되면 외국인의 투자가 늘어날 것입니다. 빈곤층이 감소하면 시장 규모도 커지겠지요 문제는 무장 세력이 원유 관련 시설을 파괴하는 등 나이지리아 정국이 아직은 불안정하다는 점입니다.

나이지리아에는 200~300개의 부족이 살고 있습니다. 나이지리아를 보면 다민족으로 이루어진 국가를 안정적으로 이끌어 가는 것이 얼마나 어려운지 실감하게 됩니다.

EU
(유럽연합)

ASEAN
(아세안, 동남아시아 국가연합)

- 제4장 -

인구

●

미래 예측의
핵심 요소

NAFTA
(나프타, 북미자유무역협정)

MERCOSUR
(메르코수르, 남미공동시장)

제4장에 나오는 주요 국가
아일랜드, 중국, 스웨덴, 인도, 파키스탄

토지도 자원도 없는 일본은
어떻게 경제 대국이 되었을까?

일본이 지닌 두 가지 강점

　일본은 토지도 자원도 없는 나라입니다. 지체 구조상 철광석의 산출은 거의 기대할 수 없는 실정입니다. 일본의 영토가 앞으로 크게 변할 일도 없을 것입니다. 석유나 석탄 같은 자원도 대부분을 수입에 의존하는 자원 빈국입니다.

　일본의 국토 면적은 세계 197개국 중 61위로 상위 3분의 1에 들어가는 비교적 넓은 나라이지만, 일반적으로 일본은 좁은 나라로 여겨지고 있습니다. 국토가 넓으면 그만큼 많은 광물 자원이 산출될 가능성도 높지만, 유감스럽게도 일본은 광물 자원이 빈약합니다.

1582년 예수회 소속의 이탈리아 선교사인 알레산드로 발리냐노는 필리핀 총독인 프란시스코 데 산데산체스에게 다음과 같은 편지를 보냅니다. "일본은 내가 지금까지 본 나라 중에 가장 심한 불모지이며 가난한 나라로 얻을 게 하나도 없소. 그러나 국민성은 대단히 용감하며 끊임없이 군사 훈련을 하고 있어 쉽게 정복할 수 있는 나라가 아니오."

즉 일본은 자원 빈국이지만 전투력이 높아 식민지화가 힘들다는 것이지요. 물론 당시와 지금의 상황은 많이 달라졌지만 자원이 빈약한 나라임에는 틀림없습니다.

키워드 - 교육 수준과 인구

토지도 자원도 빈약한 일본이 어떻게 경제 대국이 되었을까요? 지리의 관점에서 한번 생각해 볼까요? 그것은 높은 교육 수준과 많은 인구 때문입니다. 메이지시대(1868-1912년)*에 일본은 서양의 뛰어난 문화와 학문을 도입하여 발전했습니다. 하지만 도입이 가능했던 '토대'는 그 이전에 만들어졌습니다. 그 토대를 만든 것은 바로 에도시대(1603-1868년)**의 교육열입니다.

---

*   일본의 근대화에 결정적 역할을 한 메이지유신 이후 메이지천황이 통치하는 시대를 가리킨다. 일본의 산업혁명이 일어난 시기이다.

**   도쿠가와 이에야스가 에도(도쿄의 옛 이름)에 막부를 개설하면서 시작되었다. 무사 계급의 최고 지위에 있는 쇼군이 막강한 권력을 장악하고, 전국을 통일 지배하는 중앙 집권 정치 체제가 확립되었다.

에도시대에 교육 수준이 높아지는 데는 전국에 존재했던 테라코야 (에도시대의 초등 교육 기관)가 큰 역할을 했습니다. 에도시대 말기에 15세 이상의 인구 중 읽고 쓸 수 있는 사람의 비율은 50%를 넘었다고 합니다. 외국에서 들어온 서적이 번역되면 많은 사람들이 그것을 읽을 수 있었습니다. 거기에 근면성이 대단하여 자신이 납득할 때까지 밀어붙이는 완벽성에 대한 열망도 있었습니다.

일본은 섬나라이기에 거의 동일 민족끼리 살았습니다. 인구가 많아 동일 업종에 많은 기업이 모여 있었습니다. 기업끼리의 경쟁은 기술 경쟁이고, 이 경쟁이 기술 수준을 끌어올렸다고 할 수 있습니다. 기술 수준을 향상시키려면 반드시 연구 개발을 해야 합니다. 기술 수준을 높이 끌어올리기 위해 기업은 고학력의 인재를 원했고, 교육 수준이 높아지면서 기술 수준의 향상이 자연스럽게 따라왔지요. 그리고 그렇게 만들어진 공업 제품은 국내의 많은 인구에 의해 소비되면서 판매 증가로 이어졌습니다.

내수에 의존하는 일본 경제

자원 빈국에 인구도 적으면 기껏 해야 관광 산업 정도나 가능할 겁니다. 그러나 인구가 많으면 즉 국내 수요가 크면 발전 가능성도 함께 커집니다. 현재 일본의 인구는 1억 2,700만 명으로 세계 11위입니다.

일본의 무역 의존도는 의외로 15% 정도밖에 안 됩니다. '무역중심형'

일본이 경제 대국이 된 이유

1. 높은 교육 수준

고학력 인재의 배출로
지속적인 기술 개발 가능

2. 많은 인구

세계 11위의 인구를 기반으로 한
큰 내수 규모

기업 간 기술 경쟁이 활발하여 경쟁력 향상

이라기보다는 '내수의존형'이라고 봐야지요. 일본은 내수가 크다는 점을 배경으로 경제가 성장했습니다. 하지만 일본은 이미 인구 감소 사회로 접어들었습니다. 그것이 기회가 될지, 위기가 될지에 대해서는 의견이 분분합니다. 저출산은 미래 노동 인구의 감소, 소비자 감소, 납세자 감소를 의미합니다. 일본의 생산가능인구인 15~64세의 인구 비율은 1992년의 69.92%를 정점으로 23년 연속 감소하고 있습니다. 2015년에는 60.80%까지 떨어졌습니다. 정부가 적극적으로 대책을 강구하지 않는 이상 저출산 문제는 해결되지 않을 것입니다. 앞으로 일본 경제에 심각한 상황이 닥쳐오기 전에 이에 대한 근본적인 해법이 나와야 하지 않을까요?

인구 증가에 꼭 필요한 두 가지 요소

감자 기근으로 이해하는 가용인구의 개념

가용인구란 지구상에서 수용 가능한 총인구수를 말합니다. 좁게는 '어떤 지역의 수용 가능한 인구수'라는 의미로도 사용됩니다. 독일의 지리학자 알브레히트 펭크는 '펭크의 공식'이라는 계산식을 고안하여 지구상에 수용 가능한 인구를 약 160억 명으로 산출한 바 있습니다. 이런 식의 가정은 어느 시대에나 있는 것으로 그 시대의 최첨단 연구를 기초로 미래를 예측하는 것입니다.

그렇다면 '어떤 지역의 수용 가능한 인구수'는 어떤 요인에 의해 결정될까요? 바로 취업 기회와 식량 공급량에 의해 결정됩니다. 취업 기회와 식량 공급량이 많으면 가용인구가 많아지는 것이지요. 취업 기회가 많으면 많은 사람이 일자리를 구한 그 곳에 자리를 잡고 살게 되고, 일자리가 없으면 다른 지역으로 일자리를 찾아 떠나가게 됩니다.

인구수를 결정하는 식량 공급량

현대 사회에서는 기본적으로 식량 공급을 걱정할 필요가 없습니다. 그러나 오랜 인류 역사 중 99%의 시간은 수렵과 채집으로 채워졌습니다. 수렵 채집의 시기는 식량을 자연으로부터 바로 획득하는 획득 경제 시기였지요. 당연히 매일 안정적으로 식량을 획득할 수 없었습니다. 늘어나는 인구를 감당할 만큼 식량을 획득할 수 없었기 때문에 인구가 그렇게 늘 수도 없었습니다. 그러다가 약 1만 년 전 최후의 빙하기가 끝나면서 지구가 온난화되고, 메소포타미아 지방을 중심으로 서아시아의 밀 생산이 시작되면서 갑자기 인구가 늘기 시작했습니다.

서아시아는 몬순 기후가 아니므로 연강수량이 매우 적습니다. 따라서 건조 아시아에 속합니다. 티그리스강, 유프라테스강 같은 외래 하천(사막을 관통하여 바다까지 흐르는 유량이 풍부한 하천) 덕분에 관개시설이 가능해 농경 생활을 영위할 수 있었습니다. 인구가 증가하면서 문자가 만들어지고 따라서 문화도 형성될 수 있었지요.

메소포타미아 문명은 바로 그 일차적 중심지였습니다. 이곳으로부터 이차적 중심지가 만들어지는데 이집트 문명과 인더스 문명이 그것입니

가 용 인 구 의 결 정 요 소

1. 취업 기회	2. 식량 공급량

역사적으로 식량 공급량이 가용인구를 결정했다

다. 이집트 문명과 인더스 문명은 메소포타미아 문명으로부터 물리적 거리가 가까웠고 외래 하천(이집트 문명은 나일강, 인더스 문명은 인더스강)이 존재했기 때문에 발달 가능했습니다. 농사를 짓기 시작하면서 세계 인구는 서서히 늘기 시작하는데 당시 5백만 명 정도였던 인구가 서기 원년에는 2억 5천만 명까지 증가한 것으로 알려져 있습니다.

전염병과 세금이 불러온 감자 기근

1845년 아일랜드에서 감자 흉년으로 대기근이 발생했습니다. 아일랜드에서 재배되고 있던 감자에 전염병이 발생한 것이지요.

아일랜드는 면적이 약 7만km^2로 국토 면적이 작고, 광물 자원이 거의 없어서 광공업이 발달하지 못했습니다. 당시의 아일랜드는 영국의 실질적 식량 공급지였습니다. 영국은 비옥하고 토지 생산성이 높은 농경지를 목초지나 곡물 재배용으로 이용했습니다. 그러나 정작 아일랜드 농민에게는 지력이 낮은 척박한 땅만 주었습니다. 이런 땅에는 감자가 제격이었지요. 감자류는 비교적 지력이 약한 땅에서도 생산이 가능합니다. 땅속에서 자라니 새들이 쪼아 먹을 염려도 없어 안정적으로 재배할 수 있습니다. 감자는 척박한 지역에 사는 사람들에게는 대단히 고마운 작물이지요.

그런데 이렇게 고마운 작물에 전염병이 돌아 아일랜드 농민은 큰 타격을 받게 됩니다. 감자의 전염병과 더불어 당시의 세금 제도가 피해를 더욱 확산시켰습니다. 당국은 되도록 많은 세금을 걷기 위해 농민에게 주어진 토지를 세분화시켰습니다. 세분화된 농지는 너무 좁아 실제로 감자 이외에 다른 작물을 심을 수 없었습니다.

또한 당시의 세제 내용에는 연간 4파운드 지대를 농민이 내지 못할 경우 그 부족한 돈을 영주가 대신 낸다는 조항도 들어 있었습니다. 빈농을 많이 거느린 영주는 그만큼 세 부담이 늘었습니다. 여기에 영주들은 자신의 세 부담을 줄이려고 기근으로 죽을 지경인 농민들에게 강제 퇴거 명령을 내리고 쫓아냈습니다. 기근 탓에 식량 공급량이 줄었고 가용인구도 감소했습니다. 당시 아일랜드 인구는 800만 명을 넘을 정도였는데(현재 약 460만 명), 그중 약 150만 명의 아일랜드인은 굶어 죽고, 100만 명 이상은 미국으로 건너갔습니다.

식량 공급량 감소로 인해 타 지역으로 인구 이동이 일어나는 것을 인구압(population pressure)이라고 합니다. 존. F. 케네디, 로널드 레이건, 빌 클린턴, 버락 오바마 등 4명의 미국 대통령이 미국으로 건너간 아일랜드인의 후손이라는 사실은 유명한 이야기이지요.

기근 이후의 아일랜드

미국에는 많은 아일랜드계 사람들이 살고 있습니다. 현재 그 수는 약 3,600만 명에 달하여 본국 아일랜드의 인구보다 더 많습니다. 유럽계 백인의 출신 국가로 따지면, 독일계 사람들에 이어 두 번째로 많은 셈입니다.

1990년의 아일랜드 국민 1인당 GDP(1만 4,045달러)는 일본(2만 5,123달러)의 반밖에 되질 않았습니다. 그러나 2007년 국민 1인당 GDP는 6만 1,388달러로 일본(3만 4,033달러)의 거의 두 배에 달합니다. 이 해 미국의 1인당 GDP가 4만 8,061달러였으니 아일랜드는 미국보다도 풍요로운 나라였다고 할 수 있습니다. 도대체 그동안 아일랜드에서는 무슨 일이 일어났을까요?

1990년대 아일랜드는 법인세율을 낮추고 외국 기업의 국내 투자를 촉진시킵니다. 법인세가 낮은 아일랜드에 거점을 두고 거기에서 유럽 시장을 향해 비즈니스를 전개하는 청사진을 제시했지요. 그 결과 외국 기업이 제조업뿐 아니라 금융업이나 보험업에도 진출하게 됩니다.

아일랜드는 과거 식량 난민이 된 자신들의 선조를 받아 준 미국에 대해 대단히 우호적입니다. 그런 이유로 미국의 투자에 대해서는 대환영이지요. 한때 감자 기근으로 식량 공급량이 감소하고 가용인구가 줄어들었던 일이 있었지만, 경제 성장으로 취업 기회가 늘고 가용인구도 많아지면서 최근에는 미국으로 이민 간 사람들의 자손이 아일랜드로 귀환하는 사례가 늘고 있습니다.

인구 대국의 공통점
– 5가지 농작물

아시아에 인구가 많은 이유

쌀, 밀, 차, 면화, 감자의 생산 통계를 보면 세계 1위가 중국, 2위가 인도입니다. 필자는 이에 관한 수업을 할 때 "쌀, 밀과 차에 면화에 그러고는 감~자라네"라고 하면서 5 · 7 · 5 리듬*에 맞춰 수험생에게 가르치는데, 이렇게 하면 기억에 잘 남습니다.

쌀과 밀, 감자와 같은 농작물 생산이 많은 나라로는 중국, 인도, 미국, 인도네시아 등을 꼽을 수 있습니다. 이들은 인구 대국이라는 공통점이

---

* 일본의 정형시인 센류나 하이쿠에서 사용되는 형식적인 규칙이다. 일본어 원문인 '米小麥 お茶に綿花に ジャガ~イモ'를 읽으면 '코메코무기 오차니메웅카니 쟈가아이모'로 5·7·5 리듬이 된다.

있지요. 쌀 생산은 1위 중국, 2위 인도, 3위 인도네시아, 4위 방글라데시, 5위 베트남이고, 밀 생산은 1위 중국, 2위 인도, 3위 러시아, 4위 미국, 5위 프랑스, 6위 캐나다입니다. 그리고 감자 생산은 1위 중국, 2위 인도, 3위 러시아, 4위 우크라이나, 5위 미국이지요(이상의 데이터는 모두 2014년 통계).

왜 아시아에서 쌀 생산이 많을까?

몬순 아시아(몬순 기후의 영향으로 여름에 많은 비가 내리는 동·동남·남아시아 지역)에서 생산되는 쌀의 규모는 세계 쌀 생산의 90%에 달합니다. 그리고 이 지역에서 거주하는 인구는 세계 인구의 55%를 차지합니다.

몬순 아시아는 인구 부양력이 높은 지역으로, 그것은 쌀의 생산이 풍부하기 때문입니다. 인구 부양력이란 그 지역에서 거주하는 사람들을 부양할 수 있는 능력을 말합니다. 타 지역과의 교류가 전혀 없다고 가정하면, 인구 부양력은 식량 생산량과 수렵 채취를 통한 획득량을 합한 식량 공급량에 의해 정해집니다. 여기에 타 지역과의 교류에서 얻어지는 수입량이 더해지면 인구 부양력은 향상됩니다. 무논은 늘 물이 괴어 있는 상태라서 연작 피해*가 발생할 가능성이 적습니다. 그런 이유로 쌀은 단위 면적당 생산량이 매우 높습니다.

---

* 지력을 높이지 않고 같은 장소에 같은 작물을 계속 심는 경우 토양의 영양 부족으로 일어나는 피해를 말한다.

아시아에는 국토 면적이 큰 나라가 많습니다. 인구가 많아지기 쉬운 토대를 갖췄다고 할 수 있습니다. 유럽은 연작 피해가 발생하기 쉬운 밭작물 중심이기 때문에 인구 부양력이 높지 않습니다. 연작 피해는 주로 토양의 영양 부족으로 생기는 현상입니다. 무논과 달리 밭의 경우 안정된 토양 환경을 유지하기 어렵습니다.

면화와 인구의 관계

쌀, 밀, 차, 면화, 감자 중 면화는 식료품이 아닌데 인구와 어떤 관계가 있는 것일까요? 면직물 공업은 재료가 되는 면사는 물론, 면화의 생산도 풍부한 나라에서 발달하게 되어 있습니다. 세계의 면화 생산은 1위 중국, 2위 인도, 3위 미국, 4위 파키스탄, 5위 브라질 순으로 되어 있습니다.

면화 생산 상위국의 국민 1인당 GDP는 중국이 8,109달러, 인도 1,614달러, 미국 5만 6,054달러, 파키스탄 1,410달러, 브라질 8,528달러입니다. 일본의 1인당 GDP가 3만 4,629달러이니까 대충 계산해 보면 일본인 1명에게 지급하는 급료로 중국은 약 4.3명, 인도는 약 21.5명, 미국은 약 0.6명, 파키스탄은 약 24.6명, 브라질은 약 4.1명의 노동자를 고용할 수 있습니다. 미국인을 고용하면 적자가 될 터이고, 브라질처럼 물리적 거리가 먼 나라에서 고용하면 수송비가 비싸질 것입니다. 반면 물리적인 거리가 가까운 중국이나 인도, 파키스탄에서는 같은 값에 많은 노동력을 획득할 수 있겠지요.

면직물 공업은 많은 노동력을 필요로 하는 노동집약적 공업입니다. 그러므로 취업 기회가 늘고 인구도 따라서 증가하는 것이지요.

인구, GDP, 무역액으로 본
최강의 국가연합

금액의 크기가 아닌, 생산성에 주목!

오늘날의 세계에는 EU(유럽연합), NAFTA(북미자유무역협정), MERCOS-
UR(남미공동시장), ASEAN(동남아시아 국가연합) 등 많은 국가연합이 존재합니
다. 이런 지역통합은 다음 두 가지의 경제 메리트를 가집니다.

① 무역에서 관세의 철폐 또는 관세율의 인하
② 관세 이외의 무역 장벽, 즉 비관세 장벽(NTB)*의 제거

---

* Non-Tariff Barriers, 직접적 무역 제한 방법인 수량 제한, 수입 허가제, 각종 수입 과징금 및 외
  환 할당 등과 간접적으로 무역 제한 효과를 갖는 보건 위생 규정, 내국세 제도 등이 있다.

위의 국가연합을 서로 비교해 볼까요? 가입국 수를 보면 우선 EU가 28개국(탈퇴를 표명한 영국 포함), NAFTA는 3개국, MERCOSUR는 6개국, ASEAN은 10개국입니다.

MERCOSUR는 1991년에 파라과이의 아순시온에서 결성된 국가연합으로, 브라질, 아르헨티나, 우루과이, 파라과이, 베네수엘라, 볼리비아는 정회원국으로, 칠레, 페루, 콜롬비아, 에콰도르, 가이아나, 수리남은 준회원국으로 가입되어 있습니다. 1995년부터 지역 내 관세 철폐를 목적으로 하는 관세동맹이 이루어졌습니다.

시장 규모란?

먼저 인구를 비교해 보겠습니다. 인구 비교는 사실상 시장 규모의 비교라고도 볼 수 있습니다(다음은 2015년 데이터).

◎ EU= 약 5.1억 명(약 1,800만 명/국)

◎ NAFTA= 약 4.8억 명(약 1억 6,000만 명/국)

◎ MERCOSUR= 약 3.0억 명(약 5,000만 명/국)

◎ ASEAN= 약 6.3억 명(약 6,300만 명/국)

원래 EU는 '인구가 적은 나라끼리 모여 거대한 시장을 만들어 보자!'라는 배경 아래 결성된 조직입니다. 시장 규모는 국민 1인당 구매력에 인구를 곱한 것으로 보면 쉽게 이해할 수 있습니다. 인도의 경우 인구는 많지만 현재로서는 1인당 구매력이 작고 중류층이 발달하지 않았다고 볼 수 있습니다. 그럼에도 모수(모집단 특성을 나타낸 값)가 크기 때문에 중류층만 놓고 보더라도 전체 시장 규모는 미국 전체의 시장 규모와 거의 맞먹을 만큼이 됩니다.

ASEAN의 생산성은?

GDP로 어느 정도는 경제 규모를 나타낼 수 있습니다. 오른쪽 페이지 도표를 보면, 역시 EU 가입국의 무역액 합계가 많다는 것을 알 수 있습니다. 단지 3개국만의 연합이지만 미국의 무역액이 워낙 크기 때문에 NAFTA의 무역액 합계도 상당히 큽니다. 각 지역통합체를 비교하면, ASEAN은 여전히 시장 규모가 작습니다. 그러나 이에 관한 다양한 견해가 존재합니다. GDP 대비 무역액 비율을 보면 유일하게 ASEAN만 100%가 넘습니다. 이는 ASEAN이 해외 수요를 적극적으로 활용하는 경제 시스템을 채택했다는 뜻입니다.

경쟁 상대가 많은 글로벌 시장에서 국제 경쟁력을 제고시키면서 동시에 해외 수요를 끌어들인다는 전략은 앞으로도 계속 효과적일 것입니다. 또한 ASEAN은 인구가 약 6.3억 명이나 됩니다. 1인당 구매력이 높아지면 가입국 간의 수요가 증대되면서 더욱 매력적인 시장으로 성장할 것입니다.

GDP와 무역액으로 알 수 있는 것

GDP
단위 : 백만 US 달러

EU   = 16,229,464
NAFTA   = 20,641,864
MERCOSUR = 3,477,763
ASEAN   = **2,442,472**

무역액(수출액+수입액)
단위 : 백만 US 달러

EU   = 13,361,736
NAFTA   = 7,212,695
MERCOSUR = 1,051,362
ASEAN   = **3,071,686**

ASEAN의 시장 규모가 작게 보이지만

GDP 대비 무역액 비율
단위 : %

EU   = 82
NAFTA   = 35
MERCOSUR = 30
ASEAN   = **126**

ASEAN은 해외 수요를 적극적으로 유치하여
GDP보다 무역액이 더 많아지고 있다

ASEAN 가입국으로 과거에 군사정권이었던 미얀마는 정부가 민간으로 이양된 이후, 정세가 안정되면서 해외로부터의 투자가 증가하고 있습니다. 그리고 천연가스의 채굴이 활발해지면서 에너지 자원도 풍부해졌습니다. 미얀마의 인구는 약 5,400만 명입니다. 이런 이유로 2010년 이후 미얀마에 공장을 지어 진출하는 일본 기업이 늘고 있습니다.

2015년에는 ASEAN 지역 내에서 '사람, 물자, 돈의 이동 자유화'를 추진하는 아세안 경제 공동체(AEC : ASEAN Economic Community)가 발족되었습니다. 앞으로 ASEAN은 경제 성장에 대한 기대가 점점 커지는 지역이 될 것입니다.

왜 사람들은 도쿄로 모여들까?

평야의 중요성

앞에서 가용인구는 식량 공급량과 취업 기회로 결정된다고 했던 말을 기억하시나요?

도쿄에 사람들이 모여드는 이유는 한 마디로 취업 기회가 많기 때문일 것입니다. 도쿄도에는 도쿄 23구 약 940만 명, 도쿄 도시부 약 420만 명, 합계 1,360만 명이 살고 있습니다. 가나가와현, 지바현, 사이타마현을 포함하는 1도 3현으로 외연을 확장하면 인구가 약 3천만 명에 이르게 됩니다. 단연 일본의 국내 최대 시장이라 할 수 있습니다. 일본의 국내 수요를 노린다면 당연히 도쿄를 가장 우선시해야겠지요.

지리적 관점에서 보면 도쿄에 인구가 밀집되는 이유는 두 가지입니다. 첫째, 도쿄는 연안부에 위치하고 있습니다. 일본은 대부분의 자원을 해외 수입에 의존합니다. 그런데 수입된 물품을 내륙 안쪽까지 옮기려면 수송비가 너무 많이 들지요. 수익 측면에서 손해입니다. 그래서 일본의 공업 지대 대부분은 연안부에 위치해 있습니다.

간토평야의 선물

둘째, 도쿄는 배후지가 넓습니다. 배후지란 항만이나 도시에 영향을 미치는 경제 권역을 의미합니다. 간토평야는 일본 최대의 평야로, 도쿄의 배후지입니다. 평야는 일반적으로 표고 200미터 미만의 토지를 가리킵니다. 평야에는 사람이나 물자를 운반하는 교통수단(하천 교통, 도로 교통, 철도 교통 등)이 발달하기 마련이고, 이는 대도시가 들어설 수 있는 조건이 됩니다. 이를 두고 배후지가 넓다고 말합니다. 결국 도쿄는 간토평야라는 토대가 있어 그 많은 인구를 지지할 수 있는 것이지요. 반대로 산이 많은 지역은 교통 발달이 어려워서 사람들의 왕래가 활발하기 어렵습니다. 그리고 그런 지역은 경제 권역이 좁고 따라서 배후지도 좁아집니다.

---

* 일본 간토(關東) 지방에 있는 일본 최대 평야로 남북 길이 100㎞, 동서 길이 130㎞, 면적 약 1만 5,000㎢이다. 평야 남단에는 수도인 도쿄가 있다.

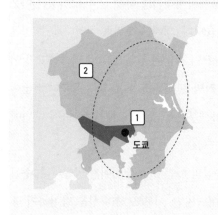

도쿄가 발전한 이유

1 연안부에 위치
석유, 석탄 등 자원을 수입하는 데
편리

2 넓은 배후지
사람, 물자를 운반하는 교통수단
(하천, 도로, 철도 등)의 발달

도쿄

도쿄, 오사카, 나고야의 공통점

일본 3대 도시권의 중심 도시인 도쿄, 오사카, 나고야에는 몇 가지 공통점이 있습니다. 그것은 홍적대지, 충적 평야가 있고 바다에 접해 있다는 지형적 특징입니다. 여기서 대지(臺地)란 평야 가운데 주변보다 높고 넓은 평평한 땅을 말합니다. 홍적대지는 해수면에 대해 상대적으로 지반이 융기된 대지로, 딱딱한 지반을 형성합니다. 충적 평야는 하천의 퇴적 작용(운반되어 온 토사 등이 남아 쌓인 것)에 의해 형성된 평야로 지반이 무른 것이 특징입니다.

도쿄, 오사카, 나고야에는 큰 성이 있었습니다. 성은 권력을 과시하거나 적군의 침입을 방어하려는 목적으로 세웁니다. 에도성은 무사시노대지*의 동쪽 끝, 오사카성은 우에마치대지의 북쪽 끝, 나고야성은 아쓰타대지의 북서쪽 끝에 세워졌습니다. 대지는 주위를 내려다볼 수 있는 지형이어서 대지 위에 자리 잡으면 적군의 침입을 금방 발견하고 방어에 나설 수 있습니다. 급경사 절벽을 배후에 두고 성을 세우니 적군이 침입하기도 어렵지요. 성의 아랫부분은 호사스럽게 치장하여 주변에 위엄을 과시하기도 했습니다.

또한 충적 평야에는 얕은 수심의 해안이 길게 이어져 있습니다. 수심이 얕아 대형 선박의 접안이 어렵지만, 이는 오히려 성을 방어하기 좋은 조건이 됩니다. 가마쿠라 막부(1185-1333년)**도 수심이 얕은 물이 멀리까지 뻗어 있는 해안선을 끼고 성을 세웠습니다. 적군이 배를 이용해 바다로부터 공격하기는 어려웠지요.

이상의 자연적 조건으로 말미암아 도쿄, 오사카, 나고야는 항만 도시로 발전하는 데 시간이 많이 걸렸습니다. 일본의 항만 도시로는 요코하마와 고베가 유명한데, 이곳은 수심이 깊고, 갑***의 영향으로 파도가 완만한 해역을 끼고 있는 지역입니다.

---

* 일본 간토평야의 일부로 도쿄도 일대의 너른 평야를 가리킨다.
** 일본 최초의 무사정권으로 미나모토노 요리토모가 가마쿠라(현재의 가나가와현 가마쿠라 시)에 수립했다.
*** 바다를 향해 부리 모양으로 뾰족하게 뻗은 육지

'아랫마을'과 '산마을'의 다른 점은?

성곽 아래쪽에는 상공업이 발달하면서 마을이 형성되고, 이는 후일 대도시로 성장하게 됩니다. 아래쪽에 있어 '아랫마을'* 이라고 불렀습니다. '아랫마을'에 대응하여 홍적대지 위쪽을 '산마을'** 이라고 불렀습니다. 이것으로 알 수 있듯이 아랫마을은 충적 평야 위에 형성되었지요.

예컨대 도쿄의 아랫마을로는 니혼바시, 교바시, 간다, 후카가와, 아사쿠사 등을 들 수 있고, 산마을로는 코지마치, 아자부, 아카사카, 우시고메, 혼고, 고이시가와 등을 대표적으로 꼽을 수 있습니다.

메이지시대(1868-1912년)에 접어들면서 일본의 인구는 현저히 증가합니다. 그리하여 산마을에서 서쪽의 무사시노대지로 도시가 확대됩니다. 즉, 아랫마을에서 산마을, 그리고 교외의 순으로 도시가 발전한 것입니다.

사람들은 왜 도쿄로 모여들까요? 무엇보다도 가용인구가 크기 때문입니다. 그리고 그 토대에는 지형적 요인이 숨어 있습니다.

---

* 　　일본어로 '下町(시타마치)'이다. 도시의 평지 지역에 있는 상업 지역이자 번화가를 의미한다.
** 　　일본어로 '山手(야마노테)'이다. 지대가 높은 곳, 또는 그곳에 있는 주택가를 의미한다.

31

히타치 시*의 인구는 감소하고,
토요타 시**의 인구는 증가한 이유

가용인구와 취업 기회와의 상관관계

다음은 2013년도 도쿄대학 전기 시험에 출제된 문제입니다(문제 일부
는 생략). 오른쪽 페이지의 그래프를 참고하여 답을 생각해 보세요.

※ 일본의 공업도시에 대한 다음 문제에 답하라.
(앞부분 생략) D시도 처음에는 동산(구리를 캐는 광산)으로 번영했지만,
그 후 (가) 공업이 발달하면서 고도성장기에 큰 폭으로 인구가 증가

*   일본 이바라키현 북동부에 있는 공업도시로, 전기 및 전자기기 제조업체인 히타치제작소가 있다.
**   일본 아이치현 중북부에 있는 도시로, 토요타자동차 공장이 있다.

D 시와 E 시는 어디일까?

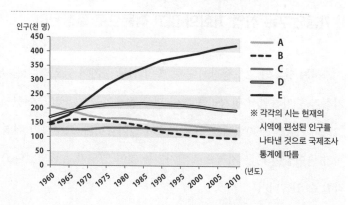

인구(천 명)

※ 각각의 시는 현재의
시역에 편성된 인구를
나타낸 것으로 국제조사
통계에 따름

했다. 오일쇼크 후에도 하이테크 공업화 덕분에 인구수를 유지할 수
있었지만, 1985~1990년 인구 감소가 시작되었다.

이러한 인구 감소가 계속된 네 곳(A~D)의 도시와는 대조적으로 지난
50년간 꾸준히 인구가 증가한 E시는 일본을 대표하는 (나) 공업의 본
사와 주력공장이 들어서 있다.

(나) 공업은 E시 공업 출하액의 약 90%를 차지하는 등 E시를 포함한
부근 지역의 공업 성장을 견인하는 역할을 담당했다. 하지만 최근에
정부와 지자체는 이 지역의 공업 업종의 폭을 확대하려는 정책을 추
진하고 있다.

※ A~E는 무로란, 히타치, 토요타, 니하마, 오무타 중 하나임

그러면 D시와 E시는 각각 어디일까요?

가용인구는 취업 기회의 많고 적음으로 결정된다

D시는 일본의 고도성장기에 큰 폭의 인구 증가가 있었습니다. 취업 기회가 증가하면서 일자리를 찾아 많은 젊은이들이 흘러 들어왔지요. 그러나 1985~1990년에는 인구 감소가 일어납니다. 그렇다면 취업 기회가 줄어들어 다른 지역으로 일자리를 찾아 인구가 유출되었다고 생각할 수 있습니다.

1985~1990년은 1985년의 플라자 합의(Plaza Agreement)를 기점으로 일본의 환율 강세(円高, 엔고)가 진행된 시기였습니다. 플라자 합의란 환율 안정을 위한 국제적 합의로, 1980년대 미국과 일본 간의 무역 마찰이 심화되자 엔화를 평가 절상함으로써 엔화와 달러 사이의 균형을 꾀한 것입니다.

1985년 9월 22일 미국, 일본, 영국, 서독(당시), 프랑스 이상 5개국 재무장관과 중앙은행 총재가 뉴욕의 플라자호텔에서 회의를 가진 후, 플라자 합의가 극적으로 타결, 발표되었습니다. 당시 미국의 목적은 달러를 평가 절하하여 수출을 촉진시키려는 것이었지요. '달러 약세=엔화 강세' 구도하에서 일본의 수출은 부진해지고 수출 산업이 약화되어 경기가 침체되었습니다. 이른바 '엔고 불황'이 시작되었습니다.

일본의 국내 기업은 수출 부진을 만회하기 위해 생산 코스트가 낮은 해외 거점을 찾아 현지 생산을 시작했습니다. 해외 현지 법인이 설립되고 자본이 진출한 시기를 살펴보면 실제로 1986년 이후부터 계속 증가했다는 것을 알 수 있습니다. 전기·기계 공업의 해외 진출 상황을 면밀히 살펴보면 북미나 유럽 진출도 눈에 띠지만, 아시아로의 진출이 특히 두드러지고 이러한 경향은 1991~1995년에 정점에 이릅니다.

일본 기업의 해외 진출 확대는 다른 한편으로는 국내의 고용이 감소했다는 뜻이지요. 기업의 해외 진출이 활발해진 만큼 국내 제품의 출하액이 감소하게 되는데 이를 산업의 공동화(空洞化) 현상이라고 말합니다. 이러한 일련의 흐름은 앞에서 본 D시의 1985~1990년 시기의 인구 감소 시작과 일치합니다. 무로란 시, 히타치 시, 토요타 시, 니하마 시, 오무타 시 중 전기·기계 공업은 그 어디도 히타치(日立) 시를 따를 수 없습니다.

앞서 언급했듯이 가용인구는 취업 기회의 많고 적음에 의해 결정됩니다. 히타치 시는 애초에 동광(구리 광산)으로 번영한 곳입니다. 메이지 시대, 국내의 구리 수요가 증가하면서 아카사와 동광에서부터 구리의 채굴이 시작되었습니다. 이를 계기로 일본의 근대 산업이 발달합니다. 반면에 구리를 정제할 때 나오는 연기가 심각한 문제로 제기되었습니다. 이를 해결하기 위해 높이 155.7m에 이르는 높은 굴뚝을 세운 것은 유명합니다.

토요타 시의 인구 증가

E시는 지난 50년간 꾸준히 인구가 증가한 곳입니다. 취업 기회도 꾸준히 창출되고 있다고 할 만한 도시입니다. 여기서 '(나) 공업'은 E시 전체 공업에서 출하되는 물품 금액의 약 90%를 차지한다고 서술되어 있습니다. 이는 특정한 기업의 공장, 계열 회사, 자회사 등이 해당 지역 산업의 대부분을 차지하고, 해당 지역의 주민들에게 많은 노동 기회를 제공한다는 얘기입니다. 즉 특정 기업의 흥망이 기업이 속한 지역의 흥망과 직결되는 셈입니다. 무로란 시, 토요타 시, 니하마 시, 오무타 시 중에 위의 내용과 부합되는 곳은 토요타입니다. 토요타(豊田) 시는 토요타 자동차의 본산지라고 볼 수 있지요. 토요타 시의 원래 이름은 코로모(擧母) 시였습니다. 토요타 자동차가 발전하면서 1959년에 그 이름을 바꾼 것이지요.

앞으로 자동차 생산은 중국, 인도 같은 신흥국에서 활기를 띨 것입니다. 지금의 취업 기회를 유지하려면 자동차 공업에 전적으로 의존하는 산업 체제에 대해 다시 생각해 볼 필요가 있습니다. 앞 문제에서 '정부와 지자체는 이 지역의 공업 업종의 폭을 확대하려는 정책을 추진하고 있다'라는 구절이 이 때문에 중요한 의미를 가지는 것입니다.

반복하지만 가용인구는 취업 기회의 많고 적음으로 결정됩니다. 어떻게 취업 기회를 창출할 수 있을까요? 이는 영원한 숙제입니다.

32

저출산 시대,
그래도 이 비즈니스는 호황

일본이 직면한 문제

　일본은 지금 저출산·고령화라는 심각한 사회 문제를 안고 있습니다. 그러나 그 의미를 정확히 파악하지 못하고 있는 것 같습니다.

　저출산·고령화는 저출산의 진행으로 인구 고령화가 일어나는 것입니다. 반드시 저출산이 먼저 오고 나중에 인구 고령화가 따라오지요. 저출산으로 유소년층 인구(0-14세)가 줄어들면 상대적으로 노년층 인구(65세 이상)의 비율이 높아지면서 인구 고령화가 진행됩니다.

저출산·고령화의 메커니즘

갑자기 노년층이 증가하는 일은 없습니다. 어느 날 갑자기 외국에서 수백만 명의 고령자가 이민 올 리는 없으니까요. 그러므로 저출산이 먼저 시작되는 것입니다.

출산이 가능한 15~49세까지의 연령별 출산율을 합한 뒤, 여성 한 명이 가임 기간 동안 낳는 평균 자녀의 수를 예상하여 나타낸 지표를 합계 출산율(Total Fertility Rate)이라고 합니다. 사람에게는 반드시 아버지와 어머니가 있습니다. 그리고 언젠가 이들은 세상을 떠나지요. 그러면 마이너스 2명이 됩니다. 그리고 그들이 낳은 자녀가 2명의 아이를 낳으면 플러스 마이너스 제로가 됩니다. 하지만 안타깝게도 부모보다 먼저 세상을 떠나는 자녀도 있습니다. 인구를 유지하려면 실제로 합계 출산율이 2.1 정도는 되어야 합니다.

1947년 일본의 합계 출산율은 4.54였습니다. 1961년과 1962년, 그리고 '병오년 미신'* 때문에 합계 출산율이 1.58까지 떨어진 1966년은 예외로 치더라도 1971~74년의 2차 베이비붐(1차 베이비붐은 1947~1949년)까지는 2.0을 넘었습니다. 2차 베이비붐 이후인 1975년부터 2.0을 밑돌았고, 1988년에는 1.57로 심지어 1966년의 수준마저도 밑도는 수치를 보입니다. 합계 출산율은 갈수록 더욱 감소하여 2005년 급기야 1.26으

---

* 병오년(丙午年)에 태어난 여자는 성격이 사악하여 남자를 파멸시킨다는 속설이 유행했다.

로 사상 최저를 기록했습니다. 현재는 조금 회복해서 1.45 정도의 합계 출산율을 보이고 있지만 인구를 유지하기 위한 최소한의 수치인 2.1에는 한참 못 미치고 있습니다.

저출산의 이유는 다양합니다. 여성의 고학력화와 사회 진출의 증가로 미혼 여성이 증가하고, 결혼을 하더라도 그 연령이 높아졌습니다. 일반적으로 늦은 결혼은 늦은 출산으로 이어집니다. 늦은 나이에 출산을 시작하면 당연히 아이를 많이 낳지 못하지요.

그밖에 결혼이나 출산에 대한 가치관의 변화, 젊은 노동자의 낮은 소득 수준, 자녀를 양육할 시기의 남성의 장시간 노동 등을 저출산의 요인으로 꼽을 수 있습니다. 특히 1985년 플라자 합의 이후 생산 코스트가 낮은 해외로의 공장 이전이 활발해지고 산업 공동화가 일어나면서 합계 출산율의 감소는 점점 뚜렷해지고 있습니다.

저출산·고령화에는 시간 차가 있다

저출산과 마찬가지로 인구 고령화도 시대의 영향을 받습니다. 의료 기술의 발달로 평균 수명이 훨씬 늘어난 것도 인구 고령화의 중요한 원인 중 하나입니다.

저출산과 인구 고령화의 진전에는 시간 차가 있습니다. 한국도 일본이상으로 저출산 문제를 안고 있는 나라이지만, 아직 일본만큼 심각한 고령화 현상이 도래하지 않은 것을 보면 알 수 있습니다. 앞으로 일본은 세계 어느 나라보다 빨리, 인류가 경험해 본 적이 없는 초고령화 사회를 겪게 될 것입니다.

파워레인저 시리즈의 장난감 매출

'파워레인저 시리즈'*는 일본 전국의 어린이들이 매주 손꼽아 기다리는 특수 촬영 드라마입니다.

2016년에는 파워레인저 시리즈의 무려 40번째 작품인 파워레인저 애니멀포스가 방영되었고, 2017년에는 41번째 작품인 파워레인저 갤럭시포스가 방영되었습니다. 파워레인저 시리즈의 특징은 권선징악입니다. 5인의 영웅(작품에 따라서는 3인)은 자신들이 개발한 로봇으로 악을 물리치고 지구의 평화와 인류의 웃음을 지킵니다.

변신 도구나 무기 그리고 무엇보다도 로봇이 어린이 장난감으로 만들어져 판매되고 있습니다. 저출산의 영향으로 장난감의 판매가 줄어들지 않을까 생각했지만, 예상과는 달리 저출산과 장난감 매출은 비례하지 않았습니다. 파워레인저 메가레인저 시리즈의 장난감 매출은 48억 엔(약 480억 원)에 그쳤지만, 그 후의 매출은 점차 증가했습니다. 21세기 파워레인저 시리즈 가운데 파워레인저 다이노썬더 이후를 보면, 파워레인저 와일드스피릿, 파워레인저 미라클포스, 파워레인저 고버스터

---

* 1975년부터 제작된 드라마로, 일본에서는 슈퍼전대 시리즈라는 제목으로 방영되고 있다.

즈의 세 작품을 제외하면 장난감 매출이 100억 엔(약 1,000억 원)을 초과했습니다. 그토록 저출산을 외쳐대는 시대인데도 장난감 매출은 여전히 높습니다. 왜 그럴까요?

어릴 적에 파워레인저 시리즈에 흠뻑 빠졌던 어린이가 나이가 들어서도 어른으로서 장난감을 구매하기 때문입니다. 이는 40년 이상의 역사를 자랑하는 시리즈니까 가능한 이야기지요. 최근의 파워레인저 시리즈는 거대 로봇이 다수 등장하면서 수집 아이템이 뚜렷해지는 특징이 있습니다. 예컨대 2015년의 파워레인저 닌자포스에는 무려 12개의 거대 로봇이 등장했고, 새로운 로봇이 나올 때마다 완구류로 만들어져 팔렸습니다. 2011년의 파워레인저 캡틴포스의 변신 도구인 레인저 키는 지금도 신작을 통해 판매되고 있습니다. 파워레인저 캡틴포스는 과거의 모든 레인저로 변신이 가능하다는 특징이 있습니다.

어린이가 그 모든 컬렉션을 완벽히 갖출 리 만무합니다. 결국 이것은 어쨌든 객단가(客單價)를 올려 총 판매액을 떨어뜨리지 않으려는 노력입니다. 저출산으로 제일 영향을 많이 받는 것 중 하나가 완구 산업입니다. 멀리 갈 것도 없이 당장 필자의 직장이라고 할 학교나 학원도 큰 영향을 받고 있습니다. 각 업계는 저출산의 시대를 어떻게 해서든 극복해야 할 것입니다. 파워레인저 시리즈에 계속 새로운 로봇이 등장하는 이유도 여기에 있다고 하겠습니다.

33

한 자녀 정책의 폐지
– 중국 경제의 빛과 어둠

한 자녀 정책이 시작된 배경

중국은 1949년 건국 이래 치안을 유지하고, 사회 보장에 충실을 기하기 위하여 의료와 위생 조건을 개선하는 데 힘썼고, 그 결과 인구가 급증하게 되었습니다. 그로 인한 식량 부족을 우려하여, 1962년부터 도시 지역에 한정하여 인구 억제 정책을 시행하게 됩니다. 한 자녀 정책이 전국으로 확대된 시기는 1979년이었습니다. 여기서 한 자녀 정책이란 한 쌍의 부부가 한 명의 자녀만 낳도록 제한하는 것을 말합니다.

한 자녀 정책을 추진하면서 '자녀가 한 명이면 충분하다!'고 선언하는 부부에게는 다음의 특전이 주어졌습니다. ① 월수입의 약 10%에 해당하는 장려금을 자녀가 14살이 될 때까지 지급 ② 학비 면제 ③ 진학 시 우선 입학 ④ 의료비 지급 ⑤ 취직 우선 기회 ⑥ 도시 지역 주택의 우선 배분 ⑦ 연금의 가산 등이 그것입니다.

반면 두 명 이상의 자녀를 낳은 가정에는 벌금이 부과되었습니다. 그 액수는 연 수입의 몇 년치에 해당했습니다. 그러나 아직도 농촌에서는 기계화된 농업이 아니라 노동집약형 농업이 행해지고 있습니다. 따라서 자녀는 중요한 노동력이고 사람들은 특히 남자아이를 선호합니다. 이런 연유로 여자아이나 차남, 삼남이 태어나면 호적에 올리지 않는 일이 빈번하게 되고, 그에 따라 호적상의 남녀 비율이 한쪽으로 기울어지는 문제가 발생했습니다.

중국에서 호적이 없는 아이를 '헤이하이즈(黑孩子, 어둠의 자식)'라고 부릅니다. 헤이하이즈 대부분은 여자아이입니다. 학교에도 못 다니고 병원도 못 가는, 이 세상에 존재하지 않는 아이들이지요. 2010년도 인구 조사에 따르면 헤이하이즈의 숫자가 약 1,300만 명에 달한다고 중국 정부는 밝히고 있습니다.

한 자녀 정책의 폐지 이유

한 자녀 정책으로 인구 급증은 억제할 수 있었습니다. 그런데 급속한 저출산은 급속한 인구 고령화를 낳게 됩니다. 통상적으로 노년층 인구 비율이 7%를 넘으면 고령화 사회라고 말합니다. 중국은 2002년에 노년층 인구 비율이 7%가 된 후 그 비율은 계속 증가하고 있습니다.

고령화가 진행되면 사회보장비 부담이 증가하는 동시에 노동 인구가 감소하게 됩니다. 자연스럽게 임금이 상승되지요. 중국이 '세계의 공장'이 될 수 있었던 배경은 바로 임금 수준이 다른 나라에 비해 현저히 낮았던 데에서 찾을 수 있습니다. 최근 들어 이러한 장점이 점점 사라지고 있습니다. 제조업의 경우 임금 상승은 성장의 걸림돌이 됩니다.

그렇다면 중국은 왜 한 자녀 정책을 포기하지 않았을까요? 그 이유는 둘째아이부터 부과되는 벌금 액수가 매우 컸기 때문입니다. 중국 정부는 이 쏠쏠한 벌금을 거두기 위해 한 자녀 정책을 포기하지 않았습니다.

그러나 노동 인구의 감소 추세는 계속 이어지고 정부의 이런 정책에 불만을 품은 사람들의 폭동이 끊이질 않았습니다. 문제의 심각성을 깨달은 중국 정부는 결국 한 자녀 정책을 완화시켰습니다. 2002년 조치에서는 각기 한 자녀만 둔 남녀가 재혼했을 때 두 번째 아이를 인정해 주었고, 2013년에는 양친 중 어느 한 쪽이 한 자녀인 경우 두 번째 아이를 인정해 주었습니다. 그리고 마침내 2015년 10월 29일 한 자녀 정책은 폐지되었습니다. 중국 정부는 앞으로 신생아 수가 현재의 1,600만 명에서 1,900만 명으로 크게 늘어날 것으로 예상하고 있습니다.

중국의 인구는 계속 증가할까?

중국은 급속한 인구 고령화와 경제 성장을 경험했습니다. 고령화가

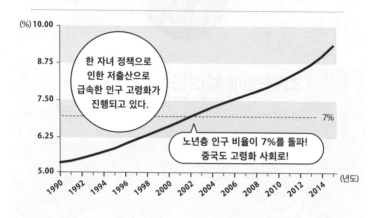

중국의 65세 이상 인구 비율

한 자녀 정책으로 인한 저출산으로 급속한 인구 고령화가 진행되고 있다.

노년층 인구 비율이 7%를 돌파! 중국도 고령화 사회로!

진행됨에 따라 의료비도 증가했습니다. 게다가 경제 성장에 발맞춰 교육비도 증가하게 됩니다. 경제 성장으로 생활 수준이 향상되면 사람들은 그것을 유지하기 위해 아이를 적게 낳으려고 합니다. 가족계획이라는 사고가 자리 잡지요.

중국 경제는 이제 고도성장 시대를 끝내고 저성장 시대로 접어들고 있습니다. 한 자녀 정책을 폐지했지만 출산율은 그렇게 높아지지 않을 것입니다. 인구가 많으면 노동자가 많아지고 생산량도 많아집니다. 동시에 소비자도 많아지고 시장도 커집니다. 지금까지 중국이 경제 성장의 무기로 삼았던 '인구'는 다른 나라에 비해 앞으로는 계속 우위를 갖지 못하게 될 것입니다.

스웨덴에 몰려드는 고급 인력

노동력 부족의 해결

GDP를 높이는 방법으로는 인구를 늘리는 방법 또는 국민 1인당 GDP를 높이는 방법이 있습니다. 인구는 한순간에 늘어나지 않으니 국민 1인당 GDP를 향상시키는 것이 현실적인 길입니다. 예를 들어 스위스, 벨기에, 덴마크 등 인구가 적은 나라들은 의료 산업에 힘을 쏟고 있습니다. 그래서 3개국의 수출 통계 상위 목록에는 항상 의약품이 등장합니다.

북유럽이라면 일반적으로 아이슬란드, 덴마크, 노르웨이, 스웨덴, 핀란드 이상 5개국을 가리킵니다. 범위를 넓히면 에스토니아 · 라트비

인구가 적은 북유럽 국가들

- **아이슬란드** 33만 명
- **스웨덴** 988만 명
- **노르웨이** 521만 명
- **덴마크** 570만 명
- **핀란드** 549만 명
- **에스토니아** 131만 명
- **라트비아** 214만 명
- **리투아니아** 292만 명

아 · 리투아니아의 발트 3국까지 포함해서 모두 8개국이 됩니다. 각국의 인구를 보면 아이슬란드가 33만 명, 덴마크 570만 명, 노르웨이 521만 명, 스웨덴 988만 명, 핀란드 549만 명, 에스토니아 131만 명, 라트비아 214만 명, 리투아니아 292만 명입니다. 이 숫자는 북유럽 국가 모두 국내 시장이 작다는 걸 의미하지요. 따라서 내수(국내 수요)보다 외수(국외 수요)를 우선시하고 있습니다.

스웨덴은 국제 경쟁력을 향상시키기 위해 GDP 중 연구 개발 지출의 비중을 높여, 지식집약형 첨단기술 산업의 발전에 집중하고 있습니다. 스웨덴은 유소년층 인구 비율이 17.3%, 노년층 인구 비율이 19.9%로 저출산 현상도 뚜렷합니다. 노동력 부족은 경제 성장에 마이너스 요인입니다. 이를 극복하기 위해서는 1인당 생산성을 높일 필요가 있습니다. 인구가 적으면 산업 구조의 전환 속도가 빨라지고 그에 맞추어 취업 구조도 변화하게 됩니다. 1970년대는 제조업 비율이 높았지만, 1990년대부터는 첨단기술 산업에 종사하는 노동자가 늘어났습니다.

'북유럽의 실리콘밸리' 성공 사례

스웨덴의 수도 스톡홀름 중심부에서 지하철로 15분 거리에 있는 시스타는 원래 군대 기지였습니다. 1970년대부터 이곳에 기업이 진출하게 되고, 통신기기 제조업체인 에릭슨은 여기서 IT와 라디오의 연구 개발을 시작했습니다. 1988년에 에릭슨은 2세대 이동 통신 시스템인 GSM(Global System for Mobile Communication)을 개발했습니다. GSM은 전 세계에서 가장 널리 사용되는 무선 통신 방식의 세계 표준 기술입니다. 에릭슨은 한때 휴대전화 단말기의 제조에도 손을 댔지만 이웃 나라 핀란드의 노키아에게 밀려 통신 사업에 특화된 기업으로 자리매김하고 있습니다.

에릭슨뿐 아니라 IBM과 마이크로소프트도 북유럽 비즈니스의 거점을 시스타에 두고, 스웨덴 왕립 공과대학, 스톡홀름 대학의 연구기관에도 진출하고 있습니다. 이것이 바로 시스타가 '북유럽의 실리콘밸리'라고 불리는 까닭입니다. 그래서 스웨덴의 이민자 중에는 고급 인력이 대단히 많습니다.

북유럽 국가에서 인터넷 보급률이 높은 이유

스웨덴은 약 45만km^2의 면적에 1천만 명도 안 되는 인구가 살고 있습니다. 인구밀도가 낮아 마을 간에 엄청난 물리적 거리가 존재합니다. 수십km에 걸치는 송전선을 설치하려면 비용이 무척 많이 들 수밖에 없어 무선 인터넷에 집중하는 편이 훨씬 낫습니다. 그래서 북유럽 국가 중에는 무선 인터넷 보급률이 높은 나라가 많습니다.

- 제 5 장 -

문화

●

의식주의 지역성은
어떻게 형성되는가?

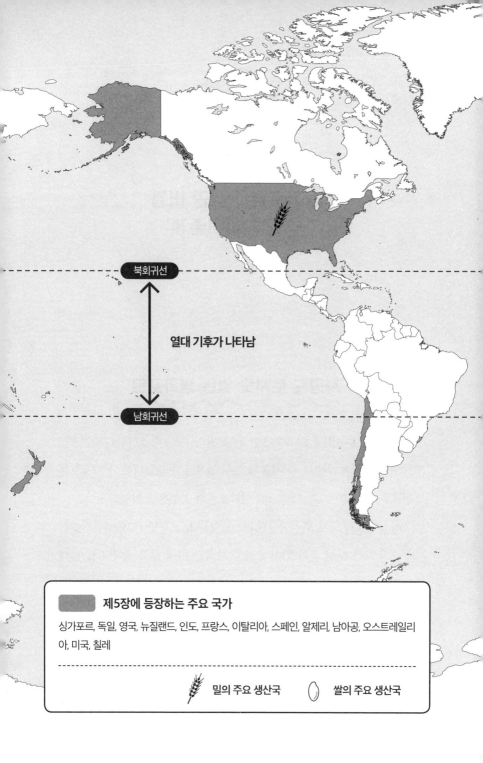

북회귀선

열대 기후가 나타남

남회귀선

제5장에 등장하는 주요 국가

싱가포르, 독일, 영국, 뉴질랜드, 인도, 프랑스, 이탈리아, 스페인, 알제리, 남아공, 오스트레일리아, 미국, 칠레

밀의 주요 생산국   쌀의 주요 생산국

35

싱가포르의 성공 비결
– '모두 사이좋게'

자원도 토지도 없는 싱가포르

싱가포르는 1인당 GDP가 5만 2,888달러(세계 8위), 1인당 GNI는 5만 2,090달러(세계 17위)로 두 지표가 모두 일본보다 높습니다. 싱가포르는 훌륭한 선진국이지요. 그렇다면 싱가포르의 강점은 무엇일까요?

싱가포르의 국토 면적은 718㎢로*, 일본 도쿄특별구(23구)와 비슷한 수준의 작은 도시 국가입니다. 광물 자원은 아예 없고, 농경지도 넓게 쓸 수가 없지요. 산이 없어서 흐르는 하천을 거의 찾아볼 수 없는(하천은

* 한국의 서울(605㎢)보다 조금 넓은 면적이다.

싱가포르라는 수수께끼의 나라

싱가포르의 면적 ≒ 도쿄특별구의 면적

싱가포르는 국토가 협소하기 때문에
(광물 자원) (수자원) (농경지) 아무것도 없는데
⟹ 어떻게 발전했을까?

높은 곳에서 낮은 곳으로 흐름), 수자원도 부족한 나라입니다. 수자원은 말레이시아로부터 수입하고 있습니다.

북위 1도로 거의 적도 바로 밑에 위치하여 태풍의 영향을 받지 않는다는 특징도 있습니다. 태풍의 영향을 받기 쉬운 필리핀의 경우 태풍이 올 때마다 인프라가 파괴되고 많은 인명 피해가 일어납니다. 상당한 경제적 타격이지요. 태풍의 피해를 입지 않는다는 것, 이것이야말로 싱가포르에게 주어진 토대입니다.

싱가포르는 제2차 세계대전 중 일본의 점령지였습니다. 전쟁이 끝난 후 영국의 식민지 지배로 되돌아갔으나, 1963년 말레이시아 연방이 결성되면서 영국으로부터 독립합니다. 당시 원주민인 말레이계를 우대하는 정책을 추진하던 말레이시아 중앙 정부는 평등 정책을 주장하는 인민행동당과 대립하게 됩니다. 1965년 싱가포르는 말레이시아 연방으로부터 추방당하는 형태로 독립하게 됩니다. 그로부터 6년 후 말레이시아 정부는 '부미푸트라 정책'을 펼치면서 말레이계를 본격적으로 우대하게 됩니다.

키워드 – '모두 사이좋게'

위와 같은 어려움을 극복하기 위해 싱가포르는 독자적인 성장 전략을 세우게 됩니다. 싱가포르 인구의 4분의 3이 중국계이지만, 그렇다고 특별히 정책상 중국계를 우대하지는 않습니다. 중국계 이외의 민족, 이를테면 말레이계, 타밀족(인도계) 등도 모두 똑같이 대우합니다.

중국계의 언어인 중국어, 말레이계의 언어인 말레이어, 타밀족의 언어인 타밀어를 모두 공용어로 제정했습니다. 어느 한쪽만 편드는 일은 하지 않겠다는 것이지요. 주요 민족의 언어를 모두 공용어로 제정했기에 민족 대립이 거의 없고 정세가 대단히 안정되어 있습니다. 그리고 영어도 공용어로 제정되어 있는데, 이는 모국어가 다른 국민끼리 공통의 언어로 의사소통하기 위해서입니다. '모두 사이좋게'가 싱가포르의 국시(國是)라고 할 수 있습니다.

공항 안내판도 '모두 사이좋게'

싱가포르 창이 국제공항의 표지판
영어가 가장 큰 글자로, 이어서 중국어, 말레이어, 일본어 순으로 표기되어 있다.

영어가 공용어이며 정치가 안정되어 있다는 것, 이것은 해외 투자를 유치하는 데 최적의 조건이 됩니다. 이처럼 싱가포르는 민족 문제를 조심스럽게 다루고 있어 민족 대립을 선동하는 언론은 법률로 엄하게 다스리고 있습니다.

정세는 안정적, 그러나 자원은 여전히 빈곤

싱가포르의 정치적 안정은 물론 좋은 일이지만 그래도 나라가 너무 좁습니다. 싱가포르는 좁은 국토를 개발하다 보니 본래 가지고 있던 원생림(原生林)이 거의 없습니다. 경제가 성장하면 취업 기회가 늘어납니

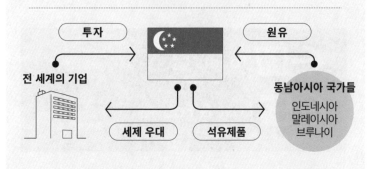

싱가포르의 발전

투자 → ← 원유

전 세계의 기업

← 세제 우대 | 석유제품 →

동남아시아 국가들
인도네시아
말레이시아
브루나이

자원과 토지가 없어도 경제 발전은 가능

다. 그 결과 가용인구는 커지지만 비좁은 국토는 금방 포화 상태가 됩니다. 국토가 좁으니 농사도 거의 못 짓습니다. 주요 수출 품목 중에도 농산물은 없습니다. 일본이 싱가포르와 경제동반자협정을 맺은 배경도 여기 있습니다.(142페이지 참조)

싱가포르는 국토도 좁고 자원도 없지만 주위를 둘러보면 인도네시아, 말레이시아, 브루나이 같은 산유국이 있습니다. 이를 이용하여 싱가포르는 원유를 수입하여 석유제품으로 가공한 후 수출하는 가공무역을 특화했습니다. 또한 싱가포르는 세율이 낮은 나라로 유명합니다. 세제상의 우대 정책을 적극적으로 펼친 결과 외국 기업을 유치하는 데 대단한 효과를 거두었습니다.

싱가포르의 자원은 '사람'

싱가포르의 자원은 '사람'입니다. 스웨덴도 그렇지만 인구가 적은 나라가 경제 성장을 하려면 인재 육성을 최우선 과제로 삼아야 합니다. 그리고 이를 위해선 정치적 안정이 선행되어야 합니다. 싱가포르의 정치적 안정은 관광업과 금융업의 발달을 불러왔습니다. 태풍의 영향을 받지 않는다는 점도 경제 발전을 가능케 한 주요 요소 중 하나입니다.

이처럼 싱가포르는 '모두 사이좋게'를 국시로 하여 눈부신 경제 성장을 이루어 냈습니다.

소시지, 감자, 맥주는 자연이 준 선물

빙식 지형 독일이 짜낸 지혜

독일에는 감자만으로 풀코스 요리를 만들 수 없는 여자는 시집갈 자격이 없다는 말이 있다고 합니다. 독일인의 식탁에서 빼놓을 수 없는 식재료가 바로 감자입니다.

의식주는 각 지역마다 그곳의 자연환경에 맞춰 최적의 형태로 발전합니다. 물이 많은 지역은 쌀을 재배하기 쉬우니 술 문화가 발달하고, 비교적 강수량이 적은 지역에서는 돌로 지은 집이 만들어집니다.

약 2만 년 전 북위 50도 이북의 유럽은 가장 추웠던 시기에 대륙 빙하에 뒤덮여 있었습니다. 그리고 빙하 침식의 영향으로 부식층이 얇아졌습니다. 그 결과 지력이 약해져 대규모의 밀 재배는 곤란하게 되어 이 지역에는 지력이 약해도 자랄 수 있는 농작물인 감자가 제격이었습니다. 독일의 국토 중앙부를 바로 북위 50도가 통과합니다. 그래서 독일에서는 오래전부터 감자를 많이 재배해 왔지요.

유럽에 감자가 널리 퍼진 이유

감자의 원산지는 남미의 안데스 지방입니다. 지금의 페루에서 볼리비아에 걸쳐 있는 산맥 지역이지요.

유럽인이 처음 감자를 가지고 본국으로 돌아왔을 때는 그다지 인기가 없었다고 합니다. 보기에 흉했기 때문이었겠지요. 그런데 감자를 보급시키려 최선을 다한 사람이 있었습니다. 그는 바로 프로이센 왕국의 제3대 국왕인 프리드리히 2세(1712~1786년)였습니다.

프로이센 왕국은 지금의 독일 북부에서 폴란드 서부에 걸쳐 존재했던 나라입니다. 독일의 토지는 농업 생산성이 낮기 때문에 프리드리히 2세는 춥고 척박한 땅에서도 잘 자라는 감자 재배를 장려했습니다. 자신도 감자를 매일 먹으며 솔선수범했지요. 그 결과 독일뿐 아니라 덴마크나 폴란드에서도 감자를 먹는 습관이 정착되었습니다.

유럽은 오래전부터 돼지 사육이 왕성했습니다. 돼지는 '천연 청소기'라고 일컬어집니다. 가리지 않고 뭐든지 잘 먹지요. 또한 한 번에 10~15마리 새끼를 낳기 때문에 인간에게 소중한 단백질을 제공해 줍니다.

감자와 돼지의 문화적인 연관성

감자를 주식으로 먹으면서 나오는 껍질과 전분을 얻을 때 나오는 찌꺼기는 돼지의 사료가 되었습니다. 한랭 지역의 척박한 땅인 독일 북부에서 감자는 돼지 사료로 활용도가 큽니다. 그야말로 '감자가 있는 곳에 돼지가 있다'라는 말이 실감나는 대목입니다.

화산재 지역인 일본의 가고시마현이나 이바라키현도 고구마 생산이 풍부하여 과거에는 돼지 사육이 활발했습니다. 필자의 고향인 가고시마의 향토 음식에는 돼지고기를 재료로 하는 요리가 많고 고구마 소주도 유명합니다.

독일 북부는 빙하 침식 지역이면서 또한 한랭 기후여서 먼 옛날부터 추위에 강한, 즉 내한성이 좋은 보리, 호밀, 귀리를 재배해 왔습니다. 그리고 보리로는 바로 맥주를 만듭니다. 소시지나 감자 튀김을 먹으며 맥주를 마시는 식문화가 뿌리 내린 배경에는 지구가 독일에 선사한 토대가 자리 잡고 있습니다.

독일 북부는 한랭하고 척박한 지역이라서 본래 농산물 생산성이 낮은 지역입니다. 특히 겨울에는 농작물을 거의 수확하지 못해 식량 부족에 시달리기 일쑤였습니다. 그래서 독일인들은 그 대안으로 보존식품을 개발하려 애썼습니다. 그 결과 육류나 생선을 야채와 함께 식초 등으로 절이는 마리네, 자우어크라우트(양배추 절임), 소시지 등을 개발하게 됩니다.

독일 법률에는 홉, 맥아, 물, 효모만을 가지고 맥주를 만들어야 한다고 명시되어 있습니다. 이를 맥주 순수령이라고 하는데 이는 16세기부터 제정된 것입니다. 안 그래도 밀 생산이 어려운데 귀중한 밀을 맥주 원료로 이용해서는 안 된다는 것이 그 목적이었다고 합니다. 예전의 전통을 지키면서 독일 국내에서 영업하고 있는 양조장이 현재 1,300곳이고 맥주 브랜드만도 5천 종류 가량 된다고 합니다.

물론 독일에는 밀을 원료로 한 맥주도 있습니다. 이를 '바이젠'이라고 하는데, 바이젠이라는 말 자체가 밀이라는 뜻입니다. 바이젠은 특히 바이에른 지방을 중심으로 독일 남부에서 마시는 맥주입니다. 남부에서 밀맥주 생산이 가능했던 이유는 독일 남부는 빙식 지형의 땅이 아니어서 보리나 호밀이 아닌 밀을 생산할 수 있었기 때문입니다. 독일 북부는 빙하 침식으로 인해 땅이 척박하지만, 남부는 비교적 비옥합니다. 북부는 밀의 생산이 어렵고, 남부는 예전부터 밀을 재배했습니다. 북부의 맥주는 보리가 원료이고, 남부의 맥주는 밀이 원료입니다. 바로 이것이 바이젠이 만들어진 토대입니다. 지금은 맥주 순수령이 개정되면서 기본 원료를 바꾸지 않고도 바이젠을 합법적으로 제조할 수 있습니다.

영국 요리가 맛없는 진짜 이유

키워드 - 척박한 토지, 젠틀맨, 산업혁명

영국 요리라고 하면 여러분은 어떤 이미지를 떠올리는지요? '뭐 특별한 것이 없을걸?' 또는 '영국 요리는 맛없다고들 하던데……' 아마도 이런 이미지를 가진 사람이 많을 것입니다.

영국인은 소고기를 잘 먹습니다. 'No meat, no life'라는 말이 있듯이 고기는 잘 먹지만, 야채는 별로 먹지 않습니다. 영국도 먼 옛날에는 빙식 지형이었습니다. 토양 속에 부식층이 적은 척박한 땅이었지요. 감자는 자라지만 야채는 거의 자라지 않았습니다. 특히 겨울철에는 야채가 심각할 정도로 부족했습니다. 여기서 우리는 영국이 아일랜드를 식민

지배하면서 농작물 공급지로 삼은 이유를 짐작할 수 있습니다. 당시 아일랜드인은 사실상 영국인의 농노(農奴)였습니다.

오늘날의 영국은 입헌 군주의 정치 체제이지만 역사상 단 한 번 공화제였던 시절이 있었습니다. 청교도혁명으로 올리버 크롬웰이 호국경(護國卿)으로 취임했던 때였습니다. 그리고 그 당시의 영국 지배 계층을 젠틀맨이라고 불렀습니다.

젠틀맨은 자긍심이 강한 지배층으로 복장, 매너, 음식 등 생활 전반에 걸쳐 독자적인 라이프 스타일을 고수했습니다. 음식을 먹을 때도 젠틀맨은 폭음, 폭식 하지 않고 검소한 식사를 즐긴다고 자랑했지요. 식사할 때는 요리의 가짓수를 적게 하고, 구운 고기 정도만 먹을 뿐이었습

영국 요리와 젠틀맨의 관계

식사는 무조건
간소해야!
프랑스 요리 따위는
어림도 없어!

젠틀맨 : 16~ 20세기 초 영국의 지배 계층

니다. 어쩌다 스프가 식탁에 올라올 정도가 사치일까요. 400년 가까이 지배 계층으로 군림한 젠틀맨은 식사에는 거의 관심을 보이지 않았습니다. 이것이 바로 영국 요리의 발전을 가로막는 치명적인 걸림돌이 되었습니다. 덧붙인다면 프랑스혁명 후 영국이 프랑스와 대립하면서 프랑스 문화를 배척한 것도 그 원인 중 하나가 될 것입니다.

산업혁명으로 더 악화된 사태

18세기 후반, 영국에서는 산업혁명이 일어납니다. 산업혁명으로 공장제 기계 공업이 탄생하고 물품의 대량 생산이 가능해졌습니다. 그 결과 도시에서 일자리가 늘어나게 됩니다.

도시로의 취업 기회가 증가하면서 가용인구도 늘어났습니다. 농촌에서 많은 사람들이 도시로 밀려들어 왔습니다. 특히 런던이 인구 과밀 상태가 되었지요. 도시의 인구 과밀(過密)은 각종 문제를 유발할 수밖에 없습니다. 후에 영국 건축가 에버니저 하워드에 의해 제창된 '전원 도시 구상'은 바로 이런 배경에서 나온 것입니다.

농촌 인구가 많으면 농사 짓는 사람도 많아져 자급자족할 수 있지만, 도시에 인구가 많아지면 그 사람들은 가게에서 식료품을 구매해야 합니다. 이러한 상황에서 돈이 없는 도시 저소득층은 제대로 된 식사를 하지 못하게 되고 일상의 과도한 노동이 겹쳐 영양 상태가 악화되기 마련입니다.

19세기 후반에 트롤어업[*]기술이 발명되었습니다. 덕분에 어류가 많이 잡혀 도시에도 어류가 유통되었고 생선 튀김과 감자 튀김을 함께 제공하는 요리(피시 앤드 칩스)가 등장했습니다. 지금으로 따지면 일종의 패스트푸드라고 할 수 있습니다. '단순히 굽거나' 혹은 '단순히 삶은' 요리밖에 먹을 수 없었던 저소득층에게 피시 앤드 칩스는 정말로 고마운 음식이었습니다.

한편, 젠틀맨은 변함없이 예전의 스타일을 고집했습니다. 문화는 위에서 아래로 전달됩니다. 영국의 지배 계층이었던 젠틀맨이 간소한 식사를 고집하는 바람에 결국 영국 요리는 발전하지 못했습니다.

과거에 젊은이가 집을 떠나 다른 가정에서 함께 살면서 가사에 종사하는 서번트(servant) 제도라는 것이 있었습니다. 젊은이가 사회에 진출하기 전에 거치는 일종의 인턴 과정이라고 할 수 있습니다. 서번트는 음식도 만들었는데 요리 경험이 없는 젊은이가 만든 음식이 오죽했을까 하는 생각이 듭니다. '어머니의 손맛'이 계승될 기회가 없었던 것이지요. 그렇게 영국 요리는 오늘날 이 지경에 이르게 된 것입니다.

---

* 저인망 어업이라고도 하며, 쓰레그물(트롤)을 배에 매달아 깊은 바닷속을 끌고 다니며 물고기를 잡는 어업을 말한다.

세계를 리드하는 뉴질랜드 낙농업

풍요로운 자연과 사회적 지원

　뉴질랜드의 최대 수출품은 치즈와 버터 등의 낙농품입니다. 원예 농업, 축산업과 더불어 낙농업이 활발하게 이루어지고 있습니다. 낙농업이 발달하게 된 토대는 과연 무엇일까요. 먼저 낙농에 대하여 잠시 설명해 보겠습니다.

　낙농은 소, 양 등을 사육해서 치즈, 버터, 우유 등 유제품의 생산 및 판매를 목적으로 하는 농업을 말합니다. 산업혁명 이후 유럽에서 크게 발달했습니다. 산업혁명으로 증기선이나 증기기관차 등이 등장하면서 멀리 떨어진 곳까지 단시간에 대량 수송을 할 수 있게 되었습니다. 나아가 신대륙에서 생산된 값싼 곡물의 수입도 가능해졌습니다.

값싼 곡물이 수입되자 유럽의 농가는 큰 타격을 입고 농업 경영의 개선을 모색할 수밖에 없었습니다. 육류 판매를 특화한 농가는 혼합 농업을, 야채와 화훼 판매를 특화한 농가는 원예 농업을, 유제품 판매를 특화한 농가는 낙농업을 시작했습니다.

북위 50도 이북은 빙식 지형이라서 곡물 재배가 어려운 지역이지만 여름철의 선선한 기후를 살려 낙농업을 발달시켰습니다. 독일 북부, 덴마크, 폴란드 등이 바로 그런 경우이지요. 중요한 것은 낙농업이 근교 농업이라는 점입니다. 근교 농업은 대도시 근교에서 발달하는 농업이란 뜻으로, 큰 시장이 형성되는 대도시로의 출하를 목적으로 합니다. 근교 농업으로 수송 비용을 낮추고, 수송 시간을 줄여서 신선함을 유지할 수 있습니다.

부러울 만큼 풍요로운 뉴질랜드의 자연환경

뉴질랜드는 온난한 기후에 강수량이 풍부한 나라로 자연으로부터 긴 세월 동안 비옥한 목초지라는 큰 선물을 받았습니다. 농지가 뉴질랜드 국토 면적에서 차지하는 비율은 42.1%입니다. 그리고 농지 면적의 91.8%가 목장과 목초지입니다.

목초지라는 자연의 선물은 대규모의 축사나 사료 없이도 소를 잘 키울 수 있게 해 주었습니다. 그저 광활한 목초지에 소를 풀어놓으면 소는 알아서 크고, 소의 분뇨는 그대로 천연 비료가 됩니다.

뉴질랜드는 연중 골고루 비가 내리기 때문에 명확한 건기가 없습니다. 언제나 목초가 무성하고 흙에 수분이 끊임없이 공급되기 때문에 불모지가 될 가능성이 전혀 없습니다. 이만큼 인간의 손이 필요 없는 농업 경영은 아마 어디에도 없을 것입니다. 이런 환경에서는 경영 비용도 낮아지고 노동 시간도 단축됩니다.

위의 모든 것이 뉴질랜드에서 낙농업이 발달할 수 있었던 토대입니다. 요즘은 소에게 목초 이외의 사료도 먹여 우유의 분비량을 늘리려는 방법도 강구하고 있지요. 뉴질랜드의 1인당 연평균 소득은 4만 3,125 달러(2012년)로 상당히 높지만 인구는 약 459만 명밖에 되질 않습니다. 국내시장이 협소하므로 수출지향적 농업 경영이 발달했습니다.

뉴질랜드는 낙농업 이외에도 원예 농업이나 축산업도 활발합니다. 특히 양 사육 마릿수는 3,079만 마리나 되는데 이 숫자는 뉴질랜드 인구의 약 6.7배에 해당합니다. 세계 최대의 양고기 수출국으로 세계 양고기 시장의 점유율이 36%에 이르지요. 2위인 오스트레일리아가 32%를 차지하므로 이 두 나라를 합하면 전체의 68%나 됩니다. 육류는 뉴질랜드의 귀중한 수출 품목으로 1882년에 냉동선을 개발하면서 세계를 향한 수출이 시작되었습니다. 냉동선은 신선도 유지가 필수적인 육류 수출을 가속화시켰습니다.

뉴질랜드의 멋진 관습 하나

뉴질랜드의 낙농업은 저비용 경영이 가능하다는 점을 언급한 바 있습니다. 뉴질랜드의 낙농업은 커다란 이익을 가져다주기에 인기가 많고, 이 업종에 취업을 희망하는 젊은이도 많습니다. 그렇다고 처음부터 광활한 토지를 취득할 수는 없지요. 뉴질랜드의 젊은이들은 고령의 경영자에게 토지를 빌려 차지농(借地農)으로 '낙농업 데뷔'를 하게 됩니다. 그리고 이익은 절반으로 나눕니다. 시간이 지나면서 기술과 경영을 몸에 익히고, 돈이 모이면 토지를 구입하여 자립합니다. 그리고 자신도 나이가 들면 차세대 젊은이에게 토지를 빌려 줍니다.

원활한 세대교체는 지속 가능한 경제 발전을 위해 중요한 과제입니다. 거품 경제 이후 일본을 우울하게 만든 '잃어버린 20년'의 배경에는 세대교체가 원활히 이루어지지 않은 탓도 있습니다. 젊은이들은 가끔 길을 잃고 난관에 부딪치지만 다른 한편으로는 내일을 위한 꿈을 꿉니다. 그리고 그러한 젊은이들이 미래를 창조합니다. 사람은 나이가 들면 언젠가는 젊은이들을 지지하는 쪽으로 돌아설 수 있어야 합니다. 이것이 뉴질랜드 사례에서 배워야 할 점입니다.

기후가 만들어 주는 맛있는 와인

와인 생산지의 특징

모두들 각자 좋아하는 와인이 있지 않나요? 필자는 독일산 화이트와인을 특별히 좋아합니다. 와인 생산에는 10~20℃의 연평균 기온이 최적이라고 합니다. 북위 30~50도, 남위 20~40도를 와인벨트라 부르는데 와인 생산지는 이 지역에 몰려 있습니다.

와인의 원료인 포도는 어디에서 생산될까요? 쾨펜의 기후 구분에 따르면 포도, 올리브, 오렌지, 레몬, 코르크참나무(코르크 마개의 주원료)와 같은 수목 작물은 지중해성 기후에서 잘 자랍니다. 지중해성 기후란 여름철은 고온 건조하고 겨울철은 온난 습윤한 기후를 말합니다.

지중해성 기후인 지역

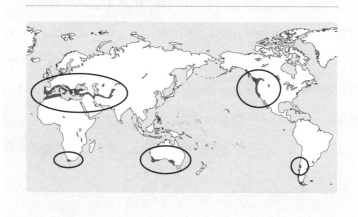

　위의 지도에서 보는 것처럼 유럽의 지중해 주변에서 나타나는 기후라 지중해성 기후라고 말합니다.

　지중해성 기후의 농업은 대개 이포식*입니다. 경작지를 겨울 경작지와 휴한지로 나누어 경작하는 농업 형태입니다. 겨울에는 날씨가 온난하고 강수량도 적당하여 농경이 가능하므로 밀을 재배합니다. 겨울에 자라는 밀이라서 겨울밀(가을에 씨를 심어 월동시킨 후 초여름에 수확하는 밀)이라고 합니다. 여름에는 기본적으로 강수량이 적어 농업이 어렵습니다. 겨울철의 경작으로 흙속의 수분이 적어지기 때문에 수분 공급을 위해

＊　지력을 유지하기 위해 농경지의 일부를 돌아가면서 묵히는 경작법을 말한다.

땅을 쉬게 해 주어야 합니다.

처음에는 그저 땅을 쉬게 했지만, 나중에는 양이나 염소를 방목했습니다. 양과 염소는 많이 먹지 않고도 견딜 수 있어서 사료가 많이 필요하지 않습니다. 목초가 자라기 힘든 건조 지역에 사는 사람들에게 이들은 보물과 같은 존재입니다. 건조 지역에 거주하는 이슬람교도는 양고기를 주로 먹지요. 가축을 방목하면 땅에 분뇨를 배설하므로 지력의 회복에도 도움이 됩니다. 이런 방식으로 가을의 파종기를 기다립니다. 그리고 나중에는 기온이 올라가는 여름철 태양을 이용해 수목 작물도 재배하게 됩니다.

지중해성 기후 – 최고의 포도를 위한 최적의 조건

과일은 물이 많은 땅에서는 잘 생산되지 않습니다. 흙속의 수분을 지나치게 빨아들여 과일의 맛이 떨어지게 됩니다. 과일의 단맛을 응축시키려면 물이 귀한 땅이 오히려 좋습니다. 선상지˙에서 과일이 잘 자라는 이유가 바로 이것입니다. 선상지의 가운데 부분인 선앙은 하천수가 아주 낮게 흘러서 수분이 적습니다. 그래서 지중해성 기후에서는 포도, 올리브, 오렌지, 레몬 같은 과일 재배가 활발합니다.

249페이지의 지도를 다시 한번 보시기 바랍니다. 전 세계에서 지중

＊　골짜기 어귀에서 강물로 운반된 자갈, 모래가 퇴적되어 만들어진 부채 모양의 지형을 말한다.

해성 기후를 보이는 나라는 어디일까요? 프랑스, 이탈리아, 스페인, 알제리, 남아공, 오스트레일리아, 미국, 칠레 등입니다. 모두 세계적으로 유명한 와인 생산지입니다. 미국은 광활한 국토를 가지고 있지만 지중해성 기후인 지역은 캘리포니아주의 일부 지역뿐입니다. 미국 와인 생산량의 90%는 캘리포니아주에서 만들어집니다. 지중해성 기후인 곳이라야 와인이 생산됩니다.

소고기 수출 세계 1위!
인도를 지키는 소의 힘

인도인은 소고기를 잘 먹는다

힌두교를 믿는 인도인은 소고기를 먹지 않는다는 말을 자주 듣습니다. 힌두교는 다신교로 삼신일체를 근세의 교의로 하고 있습니다. 삼신은 브라흐마(창조를 주재하는 신), 비슈누(세계 질서를 유지하는 신), 시바(파괴와 생식의 신)를 말합니다. 시바는 난디라고 부르는 흰빛의 황소를 타고 다닙니다. 그래서 소를 성스러운 동물이라 여겨, 인도에서는 사람이 소를 먹는 행위가 금지되어 있습니다.

인도인의 10%는 이슬람교도

그러면 인도인은 모두 힌두교도일까요?

인도의 종교 구성은 다음과 같습니다. 힌두교 80.5%, 이슬람교 13.4%, 기독교 2.3%, 시크교 1.9%, 불교 0.8%, 자이나교 0.4% 등입니다. 이렇듯 인도의 종교는 천차만별이지만, 여기서 주목할 필요가 있는 것은 이슬람교도의 비율입니다. 인도 인구의 13.4%를 차지한다는 것은 약 1억 7,567만 명의 이슬람교도가 존재한다는 의미입니다. 수적으로는 인도가 인도네시아에 이어 세계에서 두 번째로 이슬람교도가 많은 나라입니다.

이슬람교도에게는 돼지고기를 먹지 말라는 종교상의 금기 조항이 있지만 소고기는 금지 대상이 아닙니다. 인도에는 니하리(Nihari)라는 소고기 삶은 요리가 유명한데, 이것은 이슬람 국가인 무굴 제국* 시대에 생긴 것입니다. 기독교 신자도 역시 소고기를 먹으니까 결국 인도에는 2억 명에 가까운 사람이 소고기를 먹는다는 계산이 나옵니다. 2억 명이라면 브라질 인구와 거의 맞먹습니다. 따라서 인도의 소고기 시장은 의외로 상당히 크다고 할 수 있습니다.

이슬람교도는 소고기를 바라고쉬트(큰 덩어리 고기)라고 부릅니다. 니하리, 파에(소 족발을 삶은 요리)가 이슬람교도의 대표적인 요리지요. 하지

---

* 16세기 초~19세기 중반에 오늘날의 인도 북부, 파키스탄, 아프가니스탄 지역을 지배한 이슬람 왕조이다.

만 힌두교도 입장에서는 소는 신성한 동물입니다. 먹는 것은 고사하고 도살도 금지되고 있습니다. 인도의 소고기 생산은 이슬람교도가 맡고 있습니다.

물소가 세계에서 가장 많은 나라

인도의 소 사육 마릿수는 1억 8,900만 마리에 이르는데, 이는 브라질에 이어 2위에 해당하는 수치입니다. 우유 생산량은 미국에 이어 세계 2위, 버터 생산량은 세계 최대를 자랑합니다. 인도인은 물소에서 우유를 짜냅니다. 인도의 물소 사육 마릿수는 1억 940만 마리로 이 또한 세계 최대입니다. 더 이상 우유를 생산하지 못하는 물소는 식육용으로 판매됩니다. 인도는 소고기 생산량이 세계 11위이고, 소가죽 제품의 생산지로도 유명하지요.

한편 인도는 '녹색 혁명'이라고 부르는 다수확 품종의 개발로 쌀 생산량을 증가시켜 자급자족을 실현하고 있습니다. 1970년대에 쌀 수출국으로 전환되었고, 2013년에는 오랫동안 세계 1위였던 태국을 제치고 세계 1위의 쌀 수출국으로 등장했습니다. 그러나 녹색 혁명은 거액의 자금 투자와 함께 관개용수를 공급하는 하천과의 근접성이라는 조건이 충족되어야만 가능한 일입니다.

인 도 경 제 와 소 의 관 계

우유를 생산하지 못하면
식육용으로

물소의 사육 수는 무려 1억 940만 마리로
세계 1위!

소고기 생산량은 세계 11위!

인 도 경 제 에 서 소 는 빼 놓 을 수 없 는 존 재

소의 사육이 확대된 이유

위와 같은 배경 때문에 많은 인도 농민은 거액의 돈이 필요하지 않은 소 사육을 시작했습니다. 국내에 집하 시스템이 마련되면서 우유 생산량이 비약적으로 증가하여 인도인의 영양 상태가 개선되었지요. 인도인은 이를 '백색 혁명'이라고 부릅니다.

인도에서 생산된 소고기는 국내에서도 소비되지만 수출도 많습니다. 특히 최근 수출이 급증하고 있는데 2012년에는 물소 고기까지 포함한 소고기 수출량이 세계 최대가 되었습니다. 연간 수출량이 168만 톤으로 브라질(139만 톤), 오스트레일리아(138만 톤)를 크게 웃돕니다.

인도인은 소고기를 먹지 않는다고 대부분의 사람들이 오해하고 있는 이미지는 일면에 불과합니다. 힌두교도 중에는 채식주의자가 많습니다. 이들은 소고기는 물론, 돼지고기나 닭고기도 먹지 않습니다. 일부는 닭고기만 먹기도 하지요. 최근 몇 년 동안 닭고기의 생산, 보급이 확대되었는데 이를 '핑크 혁명'이라고 부릅니다. 여기에는 그간의 경제 성장으로 소득 수준이 향상되었다는 사실이 큰 몫을 합니다.

세계적인 패스트푸드 체인점인 맥도날드의 인도 현지 점포에는 '감자 크로켓이 들어간 버거', '닭고기 패티가 들어간 버거'처럼 힌두교의 금기 사항을 배려한 메뉴도 있다고 합니다.

인도는 힌두교도만의 나라가 아니다

2015년 9월 28일, 인도의 수도 뉴델리에서 이슬람교도인 한 남성이 집단 폭행 끝에 숨진 끔찍한 사건이 벌어졌습니다. 이 사건이 발생하기 전 뉴델리에서 35㎞ 떨어진 다드리 마을에서는 새끼 소가 행방불명된 사건이 일어났습니다. 이슬람교도인 남성의 소행이라고 여긴 힌두교도들이 그의 집까지 찾아가 집단 폭행을 가했습니다. 약 100명이 가담했습니다. 그러나 실제로는 그 남성이 훔친 것이 아니었습니다. 그의 냉장고에서는 소고기가 발견되지도 않았습니다.

또한 2015년 3월에는 인도 서부의 마하라슈트라 주에서 소의 식육 처리, 소고기의 휴대를 금지하는 법률이 시행되었습니다. 힌두교도들 대부분은 온화한 성격이지만 일부 과격한 사람들의 악행으로 '소고기'를 둘러싼 종교 간의 분쟁이 표면화된 것이지요.

지난날 마하트마 간디는 이렇게 말했습니다. "인도는 힌두교도만을 위한 나라가 아니다."

같은 나라지만 다른 가치관을 가진 사람들과 함께 살아가는 게 얼마나 힘든 일인지 새삼스럽게 느끼게 하는 사건입니다.

지리는 우리에게
무엇을 가르쳐 주는가?

지리 과목을 수험생에게 가르치고 있지만 필자 스스로도 종종 위 질문에 대한 답을 찾지 못할 때가 있습니다.

지리를 배울 때는 지형, 기후 같은 '자연지리'에서 출발하여 농림수산업, 공업, 인구, 도시, 교통·통신, 인종·민족 등 '인문지리'를 배우고, 그 다음 이 모두를 나라별, 지역별로 총괄한 '지지학(地誌學)'으로 끝맺습니다. 지리에는 배워야 할 분야가 워낙 많아서 대체 무엇을 배우는지 잘 모를 수 있습니다. 그로 인해 "지리는 평야라든지 도시 이름을 암기하는 학문인가요?"라는 편견 섞인 질문을 하기 쉽습니다.

하지만 지리 상식을 하나하나 배우는 가운데 배운 내용이 서로 연결되면서 세상 돌아가는 것을 알게 되고, 현대 세계가 한눈에 들어오게 됩니다. 이것이 바로 필자가 지리를 지구상의 이치라고 생각하는 까닭입니다.

필자는 고교 2학년 때 지리학에 뜻을 두게 되었습니다. 지리를 가르치던 선생님이 "얼핏 보면 관계가 없어 보이는 지식이 연결되면 하나의 스토리가 만들어진단다. 그러니까 지식이 늘면 늘수록 그것들이 연결되면서 점점 더 재미있어지는 게 지리야"라고 하셨습니다. 그 선생님 덕분에 지리 과목에 흥미를 갖게 된 필자는 대학에서 지리를 전공하게 되었습니다. 농업지리학을 열심히 공부해서 가고시마현의 축산업에 관한 주제로 논문을 쓰고 졸업했습니다. 가르치는 입장이 된 지금도 고교 시절 지리 선생님이 하신 말씀을 소중한 지침으로 간직하고 있습니다.

자연환경에 대해 알면 이를 배경으로 나타나는 인간의 생활양식도 저절로 알게 됩니다. 사람이 모여들어 지역이 형성되면 거기서 경제가 시작됩니다. 그리고 지역이 합쳐지면 나라가 됩니다. 결국 지리를 알면 그 나라의 사회, 경제 상황을 모두 이해하게 됩니다.

지리는 있는 그대로의 현대 세계를 배우는 과목입니다

지리를 배우면 현대 세계가 보입니다. 현대 사회를 보게 되면 '왜, 그렇게 되었을까?'라는 의문이 들면서 역사를 이해할 수 있습니다. 역사에 대해 보다 심오한 해석을 내릴 수 있게 됩니다.

이 책의 집필을 요청 받았을 때, 마음속으로 정한 것이 있습니다. 이

책을 통해 지리에 대한 세상의 편견을 바로잡아 보자는 것이었습니다. 그만큼 사람들은 지리에 대해 뿌리 깊은 편견을 갖고 있습니다.

지리와 역사는 자동차의 바퀴 두 개와 같아서 어느 하나라도 빠지면 안 됩니다. '어느 하나가'가 아닙니다. '어느 하나라도'입니다. 일본인은 역사를 좋아합니다. 필자도 역사를 매우 좋아합니다. 그래서 날마다 공부하고 있지요. 필자는 역사를 좋아하는 사람에게 지리 공부의 즐거움과 함께 지리를 알면 역사가 더욱 재미있어진다는 사실을 전하고 싶습니다. 필자는 지리에 푹 빠진 '지리바보'로서 이 일을 할 사람은 나밖에 없다고 생각하며 제멋대로 사명감에 불타고 있습니다.

지금 일본 고등학교에서는 지리를 가르칠 수 있는 교사가 부족하다고 합니다. 필자가 근무하는 '요요기 제미날'(일본의 3대 대학 입시 전문 학원으로, 매년 1,000명 이상의 도쿄대학 합격자를 배출하고 있다)에서는 매년 여름 '교사 연수 세미나'를 개최하는데, 필자는 그곳에서 강의하며 현직 고교 교사들에게 매일 이런 방식으로 학생들을 가르치고 있다고 말합니다. 대단히 고맙게도 매번 호평을 받았고, 그 중에는 필자의 강의를 반복해서 듣는 교사도 있습니다. 교사들이 작성한 설문지를 읽어보면 '역사를 전공했지만, 현재는 지리를 담당하고 있습니다. 지리를 잘 가르치는 방법을 배우고 싶네요'라는 내용도 있습니다.

지리 담당 교사가 부족한 현실 탓에 현장에서 교사들이 어려움을 겪고 있습니다. 아예 지리 과목을 개설하지 않는 고교도 있습니다. 독자 여러분의 고교 시절, 교과목에는 지리가 포함되어 있었나요?

사정이 이렇기 때문에 지리 과목을 선택하는 학생이 더 이상 늘어나지 않고, 수험 과목에 지리를 포함시키는 대학도 줄어들었습니다. 그럼에도 NHK에서 방영하는 프로그램 〈부라타모리(ブラタモリ)〉는 모두 좋아합니다.

〈부라타모리〉는 2008년부터 시작된 일본 기행 프로그램으로 여기서 인기 연예인 타모리가 활약하지요. 어떤 지역을 차근차근 조사하는 것을 지리학에서는 순검(巡檢)이라고 하는데 타모리가 이 역할을 담당합니다. 프로그램에서 타모리는 지형이나 기후 같은 자연지리를 찾아내 해설하거나 고지도(古地圖)를 한 손에 들고 거리를 이모저모 살핍니다. 또한 오래전 그곳에 살았던 사람들의 생활양식을 상상하면서 오늘날에 남아 있는 역사의 흔적을 찾아보려고 애씁니다.

이처럼 지리에서 배우는 분야는 워낙 다양하고, 그래서 이리저리 휘젓고 다니다 보면 나중에는 지리가 무엇인지 도무지 알 수가 없게 됩니다. 이는 어쩌면 그만큼 우리가 지리와 깊이 연관된 생활을 영위하고 있다는 방증일지도 모릅니다. 일본에서는 2022년도 고교 입시생부터 '지리총합'과 '역사총합'이 필수 과목이 됩니다. 모든 일본인이 지리를 배우는 환경이 갖춰지는 셈이지요. 이제야 마땅히 그래야 할 본디 모습으로 돌아가는 것입니다.

지리를 알게 되면 역사 공부가 재미있어집니다. 그리고 역사를 공부해야 미래를 읽을 수 있지요.

미래의 교육은 단순히 정답을 가르치는 것이 아니라, 정답을 찾을 수 있도록 해 주는 것입니다. 그를 위해서는 생각하는 힘을 기르기 위한 지식의 축적이 중요합니다. 지식이 있어야 비로소 생각할 수 있게 되니까요. 이런 교육은 한 번 배우면 다음에 뭘 배우고 싶은지를 알게 만듭니다.

필자는 지리에 관한 편견과 오해를 불식시키려는 목적으로 온 힘을 다해 이 책을 집필했습니다. 이 책이 독자 여러분께 얼마나 의미 있는 내용이 될지는 미지수이나 '다음의 한 수'를 읽을 수 있는 계기가 되기를 진심으로 기대하며 펜을 놓을까 합니다.

끝까지 읽어 주신 여러분께 다시 한번 감사의 말씀을 드립니다.

미야지 슈사쿠(宮路秀作)

통계로 읽는 현대 세계

이것만 알면 현대 세계를 읽을 수 있다는 희망을 가지고 이런저런 통계 수치를 모았습니다. 배경을 알면 통계가 흥미로워지므로, 단순한 데이터 수집에 그치지 않고 통계 자료를 이해하기 위해 필요한 배경지식도 포함했습니다. 본문과 관련된 항목도 있으니 혹시 관심 있는 내용이 있으면 다시 본문으로 돌아가 읽어 보시길 바랍니다.

① 인구 TOP 10

인구가 많은 나라에는 식량 공급량이 많은 나라 또는 산업의 중심이 농업인 나라가 포함됩니다. 이를테면 쌀 생산량이 많은 나라(중국, 인도, 인도네시아, 방글라데시), 밀 생산량이 많은 나라(중국, 인도, 미국, 러시아) 등이지요. 식량 공급량이 많은 나라는 그만큼 많은 인구를 먹여 살릴 수 있습니다. 산업의 중심이 농업인 나라는 일반적으로 경제 수준이 높지 않아 기계를 이용한 자본집약적 농업이 아니라 많은 노동력을 활용한 노동집약적 농업이 이루어집니다. 생산성이 낮은 나라일수록 인간의 노동력에 의존하기 때문에 출생률이 높아지는 경향이 있습니다.

(2015년, 단위 : 천 명)

순위	국가	인구
1위	중국	1,370,840
2위	인도	1,311,051
3위	미국	321,191
4위	인도네시아	257,564
5위	브라질	207,848
6위	파키스탄	188,925
7위	나이지리아	182,202
8위	방글라데시	160,996
9위	러시아	143,814
10위	멕시코	127,017

※ 출처 'GLOBAL NOTE'<www.globalnote.jp/post-13021.html>(2017/1/31)

② 인구 증가율 TOP 10

인구 증가는 자연적 증가와 사회적 증가의 합으로 나타냅니다. 자연적 증가는 출생아 수와 사망자 수의 차, 사회적 증가는 전입자 수와 전출자 수의 차입니다. 이민 등의 요소도 있지만 일반적으로 그 나라의 사회적 증가에 큰 변동이 있기는 어려우므로 인구 증가는 대체로 자연적 증가의 영향이 큽니다. 이전에는 출생아와 사망자 모두 많은 인구 구조를 보였던 나라 대부분이 의료 기술의 발달, 의약품 보급, 위생 환경의 개선을 통해 출생아는 많고 사망자는 적은 인구 구조로 이행하고 있습니다. 출생아와 사망자가 모두 적은 인구 구조로 바뀌지 않는 나라는 인구 증가율이 높은 경향이 있는데 이는 특히 아프리카 국가에서 두드러지게 나타납니다.

(2015년, 단위 : %)

1위	오만	5.83
2위	레바논	4.16
3위	니제르	4.03
4위	쿠웨이트	3.64
5위	남수단	3.54
6위	부룬디	3.29
7위	차드	3.26
8위	우간다	3.25
9위	앙골라	3.23
10위	이라크	3.21

출처 'GLOBAL NOTE'<www.globalnote.jp/post-1561.html>(2017/1/31)

③ 생산가능인구 비율 TOP 10 (15~64세 인구 비율)

아랍에미리트와 카타르의 생산가능인구 비율은 80%를 넘습니다. 생산가능인구 비율은 1990년에 아랍에미리트는 69.78%, 카타르는 71.44%였는데 그 비율은 지금도 계속 증가하고 있습니다. 아랍에미리트의 생산가능인구 중 90% 이상이 외국인으로, 많은 외국인 젊은이들이 돈벌이 때문에 아랍에미리트에 와 있다고 합니다. 그들은 어느 정도 나이가 들면 고국으로 돌아가고 그 자리를 다시 다른 외국인 젊은이들이 채웁니다. 아랍에미리트는 이렇게 계속 젊은 노동자층을 유지하고 있습니다. 아랍에미리트의 인구 고령화율(65세 이상의 인구 비율)은 1.13%로 매우 낮습니다.

(2015년, 단위 : %)

1위	아랍에미리트	84.92
2위	카타르	83.29
3위	마카오	77.99
4위	오만	76.89
5위	바레인	76.11
6위	쿠웨이트	75.70
7위	몰도바	74.30
8위	대만	74.00
9위	중국	73.21
10위	홍콩	72.97

※ 출처 'GLOBAL NOTE'<www.globalnote.jp/post-12027.html>(2017/1/31)

④ 인구 고령화율 TOP 10 (65세 이상 인구 비율)

인구 고령화율은 노년층 인구(65세 이상 인구)의 비율을 말합니다. 노년층 인구 비율은 유소년층 인구(15세 미만 인구) 수가 감소하면 상대적으로 높아집니다. 저출산이 진행되는 나라에서 인구 고령화율이 높게 나타나지요. 고령화율 순위가 높은 나라는 유소년층 인구 비율이 15% 정도입니다.

노년층 인구 비율을 보면 일본은 세계에서 월등히 높은 편이지만 이는 단기간에 급증한 것입니다. 그래서 일본의 생산가능인구(15세 이상 65세 미만의 인구) 비율은 60.81%밖에 안 되고, 다른 나라에 비해 매우 작습니다. 결국 노동 인구가 적다는 이야기가 됩니다.

* ( )는 유소년층 인구 비율 (2015년, 단위 : %)

1위	일본	26.34(12.85)
2위	이탈리아	22.40(13.71)
3위	그리스	21.39(14.60)
4위	독일	21.24(12.88)
5위	포르투갈	20.79(14.05)
6위	핀란드	20.47(16.33)
7위	불가리아	20.02(14.14)
8위	스웨덴	19.94(17.28)
9위	라트비아	19.36(14.92)
10위	몰타	19.24(14.43)

※ 출처 'GLOBAL NOTE'<www.globalnote.jp/post-3770.html>(2017/1/31)

⑤ 한국과 무역이 활발한 나라 TOP 10

한국의 대외 무역(수출/수입) 구조의 특징은 첫째, 수출입 모두 중국, 미국, 일본 (또는 베트남) 3국의 비중이 전체의 절반에 육박할 정도로 몇 나라에 심하게 편중되어 있다는 사실입니다. 둘째, 그 밖의 수출 대부분은 베트남, 홍콩, 인도네시아, 대만, 싱가포르 등 동남아시아 국가들이 차지합니다. 수입은 석유 등 에너지 자원 수입과 관련하여 사우디아라비아, 러시아, 카타르 등의 비중이 높습니다. 셋째, 서구 선진 경제권을 대상으로 보면 수출입에서는 오스트레일리아가 그 이름을 올리고 있고, 수입에서는 독일이 유일한 무역 상대국이라는 사실 등으로 요약될 수 있습니다.

수출액 (2017년, 단위 : 백만 US 달러)			수입액 (2017년, 단위 : 백만 US 달러)		
1위	중국	142,120	1위	중국	97,860
2위	미국	68,621	2위	일본	55,125
3위	베트남	47,755	3위	미국	50,749
4위	홍콩	39,112	4위	독일	19,749
5위	일본	26,816	5위	사우디아라비아	19,590
6위	오스트레일리아	19,862	6위	오스트레일리아	19,160
7위	인도네시아	15,056	7위	대만	18,073
8위	대만	14,898	8위	베트남	16,177
9위	싱가포르	11,652	9위	러시아	12,040
10위	멕시코	10,933	10위	카타르	11,267

※ 출처 : 한국무역협회(韓國貿易協會)

수출입 총액 TOP 10

수출액이 큰 나라의 특징은 중국을 필두로 미국, 독일, 일본, 한국처럼 기계류나 자동차 수출 비중이 높다는 점입니다. 광물 자원 같은 원재료는 부가가치가 낮아 수출액이 적기 때문에 광물 자원이 수출액의 많은 부분을 차지하는 나라는 수출액 상위에 들어가기 어렵습니다.

수입액이 큰 나라로는 부자가 많은 미국이 선두를 달립니다. 그 뒤에는 최근의 경제 성장으로 국민 1인당 구매력이 증가한 인구 대국 중국이 있습니다. 아래의 순위를 보면 인구가 많은 선진국은 국내 시장이 크기 때문에 수입액도 커진다는 사실을 알 수 있습니다.

수출액 (2015년, 단위 : 백만 US 달러)		
1위	중국	2,274,949
2위	미국	1,504,914
3위	독일	1,329,469
4위	일본	624,939
5위	네덜란드	567,217
6위	한국	526,755
7위	홍콩	510,596
8위	프랑스	505,897
9위	영국	460,446
10위	이탈리아	459,068

수입액 (2015년, 단위 : 백만 US 달러)		
1위	미국	2,307,946
2위	중국	1,681,951
3위	독일	1,050,025
4위	일본	648,494
5위	영국	625,806
6위	프랑스	572,661
7위	홍콩	559,427
8위	네덜란드	505,806
9위	한국	436,499
10위	캐나다	436,372

※ 출처 'GLOBAL NOTE'<www.globalnote.jp/post-3399.html>
<www.globalnote.jp/post-3402.html> (2017/1/31)

⑦ GNI와 GDP TOP 10

GNI(Gross National Income : 국민총소득)는 일정 기간 동안 국민이나 기업이 국내외에서 벌어들인 소득의 총액으로 국내에서 창출되는 부가가치의 총액인 GDP(Gross Domestic Product : 국내총생산)에 해외에서 얻은 순소득액을 보탠 것입니다. 해외 투자가 활발한 나라는 GDP보다 GNI가 큽니다. 일본은 노동자가 감소하는 경향이라 국내총생산을 기본으로 하는 경제 성장은 어렵습니다. 결국 해외로부터의 순소득액을 기본으로 한 경제 성장 시스템을 구상하는 쪽이 현실적이지요. 아래 순위를 살펴보면 미국, 일본, 독일, 프랑스가 해외에 활발하게 투자하고 있다는 것을 알 수 있습니다.

GNI (2015년, 단위 : 백만 US 달러)			GDP (2015년, 단위 : 백만 US 달러)		
1위	미국	18,496,028	1위	미국	18,036,648
2위	중국	11,172,615	2위	중국	11,158,457
3위	일본	4,548,953	3위	일본	4,383,076
4위	독일	3,436,814	4위	독일	3,363,600
5위	영국	2,801,660	5위	영국	2,858,003
6위	프랑스	2,458,229	6위	프랑스	2,418,946
7위	인도	2,091,713	7위	인도	2,116,239
8위	이탈리아	1,812,621	8위	이탈리아	1,821,580
9위	브라질	1,733,887	9위	브라질	1,772,591
10위	캐나다	1,528,949	10위	캐나다	1,552,808

※ 출처 'GLOBAL NOTE'<www.globalnote.jp/post-1346.html>
<www.globalnote.jp/post-12794.html> (2017/1/31)

⑧ 자동차 생산이 많은 나라 TOP 10

자동차 생산 시스템은 나라마다 각기 다릅니다. 생산 대수가 많은 나라로는 중국, 인도, 멕시코, 스페인, 브라질, 캐나다, 태국 등이 있는데, 이들은 외국 기업의 투자가 활발한 나라입니다. 이곳에서는 대중차 생산이 많습니다. 인구 대국이면 국내에서 판매하고, 이웃에 인구 대국이 있으면 FTA를 체결해서 자동차를 수출합니다. 한편 국내 기업이 활발하게 자동차를 생산하는 나라도 있습니다. 미국, 일본, 독일, 한국, 인도, 프랑스, 영국 등이 그렇습니다. 특히 독일, 프랑스, 이탈리아, 영국에서는 고급차 생산이 활발합니다.

(2015년, 단위 : 대)

순위	나라	생산 대수
1위	중국	24,503,326
2위	미국	12,100,095
3위	일본	9,278,238
4위	독일	6,033,164
5위	한국	4,555,957
6위	인도	4,125,744
7위	멕시코	3,565,469
8위	스페인	2,733,201
9위	브라질	2,429,463
10위	캐나다	2,283,474

※ 출처 'GLOBAL NOTE'<www.globalnote.jp/post-3184.html> (2017/1/31)

⑨ 세계의 수산물 생산량 TOP 10

수산물의 생산량이란 어획량과 양식어업 생산량의 합계를 말합니다. 어획량은
조목(난류가 한류가 합치는 해역)이나 뱅크 해역(주변보다 높은 해역)의 존재에 따라
좌우됩니다. 조목이나 뱅크 해역은 황금어장을 형성하므로 어획량이 많습니다.
특히 태평양 북서부 어장(중국, 일본, 러시아 등), 태평양 북동부 어장(미국, 캐나다),
태평양 남동부 어장(칠레, 페루), 대서양 북동부 어장(캐나다, 미국), 대서양 북서부
어장(노르웨이, 영국, 아이슬란드 등)의 5곳의 해역에서 어업이 활발합니다.
최근에는 중국, 인도네시아, 인도, 베트남 등에서 양식업이 두드러지게 성장하고
있습니다.

(2014년, 단위 : 톤)

순위	국가	생산량
1위	중국	76,149,368
2위	인도네시아	20,883,669
3위	인도	9,602,842
4위	베트남	6,330,591
5위	미국	5,410,351
6위	미얀마	5,047,526
7위	일본	4,772,892
8위	필리핀	4,691,972
9위	러시아	4,396,267
10위	칠레	3,820,176

※ 출처 'GLOBAL NOTE'<www.globalnote.jp/post-6999.html>(2017/1/31)

세계의 농업 생산액 TOP 10

농업은 농작물이 잘 자라는 데 필요한 자연환경이 갖춰져야 합니다. 기온이 높고, 연 강수량이 많아야 하지요. 농업에 알맞은 기온은 일반적으로 최고로 더운 달의 평균 기온이 10℃ 이상, 연 강수량 500mm 이상입니다. 독일의 기후학자인 블라디미르 쾨펜은 이러한 조건을 가진 기후를 '수목(樹木) 기후'라고 명명했는데, 이는 농업이 가능한 기후라는 것을 의미합니다.

또한 국토 면적이 크면 그만큼 생산량이 증가합니다. 중국, 인도, 미국, 브라질, 러시아는 광활한 국토 면적을 갖고 있습니다. 그리고 인도네시아, 나이지리아 등은 인구 대국이라서 농업 종사자가 매우 많을 뿐 아니라 생산액도 큽니다.

(2015년, 단위 : 백만 US 달러)

순위	국가	생산액
1위	중국	1,010,338
2위	인도	326,269
3위	미국	175,200
4위	인도네시아	116,540
5위	나이지리아	102,042
6위	브라질	79,146
7위	파키스탄	63,981
8위	러시아	54,983
9위	터키	54,706
10위	일본	51,991

※ 출처 'GLOBAL NOTE' <www.globalnote.jp/post-4460.html> (2017/1/31)

⑪ 세계 3대 곡물 수출량 TOP 10

세계 3대 곡물로는 쌀, 밀, 옥수수를 꼽는데, 모두 생산량이 많은 곡물로 알려져 있습니다.

쌀은 아시아 몬순 지역에서 세계 생산량의 약 90%가 생산되는데, 생산량 대부분은 수출하지 않고 국내에서 소비됩니다. 쌀은 밀이나 옥수수에 비해 수출량이 적은 자급자족 성격을 띤 곡물이라 할 수 있습니다. 쌀 수출 상위국에는 인도, 태국, 베트남 등 아시아 국가가 많습니다. 파키스탄은 아시아 몬순 지역에 속하지 않지만 인더스강 하구 부근에 위치하기 때문에 관개를 발달시켜 쌀 생산이 풍부하게 이루어집니다. 쌀은 파키스탄의 주력 수출 품목입니다.

밀은 미국, 캐나다, 프랑스, 오스트레일리아, 러시아에서 수출량이 많습니다. 광활한 토지를 이용하기 때문에 국내 소비뿐만 아니라 수출도 염두에 두고 대규모로 생산됩니다. 쌀에 비해 생산량 중에서 수출이 차지하는 비율이 커서 일반적으로 상업적 목적으로 경작됩니다. 특히 미국, 오스트레일리아, 캐나다와 같은 신대륙에서는 대농법이라고 하는 대규모 농업 경영이 이루어지고 있습니다. 농림수산업 종사자 1인당 농지 면적은 미국이 168.2ha, 캐나다 202.6ha, 오스트레일리아 860.3ha입니다(2013년 통계).

옥수수 수출량을 보면 과거에는 미국이 압도적인 시장 점유율을 차지했습니다. 그러나 바이오 에탄올의 원료(식물 추출 원료로, 휘발유와 혼합해서 자동차 연료 등으로 사용 가능)로서의 수요가 많아지고 국내 소비량이 증가하면서 미국의 옥수수 수출량은 감소 경향을 보여 지난 10년간 절반 수준으로 줄었습니다. 그러나 이 기간에 브라질은 7.5배, 아르헨티나는 1.7배, 우크라이나는 17.7배로 옥수수의 수출량이 부쩍 늘었습니다(2003년 대비).

쌀

(2013년, 단위 : 천 톤)

1위	인도	11,300		6위	우루과이	887
2위	태국	6,788		7위	브라질	816
3위	베트남	3,939		8위	이탈리아	719
4위	파키스탄	3,822		9위	아르헨티나	550
5위	미국	3,184		10위	미얀마	484

밀

(2013년, 단위 : 천 톤)

1위	미국	33,198		6위	독일	8,224
2위	캐나다	19,808		7위	우크라이나	7,762
3위	프랑스	19,639		8위	인도	6,504
4위	오스트레일리아	18,002		9위	카자흐스탄	5,023
5위	러시아	13,796		10위	루마니아	4,773

옥수수

(2013년, 단위 : 천 톤)

1위	브라질	26,625		6위	인도	4,750
2위	미국	24,178		7위	루마니아	3,233
3위	아르헨티나	20,069		8위	파라과이	2,827
4위	우크라이나	16,729		9위	남아공	2,605
5위	프랑스	6,278		10위	러시아	2,599

※ 출처 『세계국세도회(世界國勢圖繪)』 2016/2017년도판

옮긴이 **오세웅**

일본 유통경제대학교를 졸업했다. 『엘런 머스크의 가치 있는 상상』, 『아사히야마 동물원이야기 』, 『여자 멘토를 만나다』, 『고교생 레스토랑』, 『아이는 있는 그대로의 가능성이다』, 『7분간의 기적』, 『더 나빠질 10년 오래된 생각을 설득하라』, 『왜 성공한 사람들은 헬스클럽에 가는 걸까』, 『인생을 바꾼 5분의 결심』, 『더 서비스(The Service)』, 『삶의 고비에서 만나는 두 번째 인생』 등을 썼고, 『글로벌 성장기업의 법칙』, 『당질 제한 슬리밍 레시피』, 『너무 재밌어서 잠 못드는 세계사』, 『말과 목소리가 바뀌면 인생이 99% 바뀐다』, 『어른의 방식 논어 에세이』, 『아빠의 마지막 바이올린』, 『나는 더 이상 휘둘리지 않기로 했다』, 『기적의 학교』, 『서비스의 원점』 등을 번역했다.

경제는 지리
지리로 포착한 세계경제 40장면

1판 1쇄 발행일 2018년 7월 25일
1판 6쇄 발행일 2021년 12월 5일

지은이 미야지 슈사쿠
옮긴이 오세웅
펴낸이 이민화 이병익
펴낸곳 도서출판 7분의언덕
주소 서울 서초구 방배로14 7-1003
전화 02-582-8809
팩스 02-6488-9699
등록 2016년 9월 6일(제2020-000241호)
이메일 7minutes4hill@gmail.com

ISBN 979-11-964121-0-4

이 도서의 국립중앙도서관 출판예정도서목록(CIP)은 서지정보유통지원시스템 홈페이지
(http://seoji.nl.go.kr)와 국가자료공동목록시스템(http://www.nl.go.kr/kolisnet)에서
이용하실 수 있습니다.(CIP제어번호: CIP2018021356)